文化管理干部培训系列丛书

对接国办发[2014]15号文件精神
详解九部门支持政策要点

转制院团改革发展政策解读

文化部文化体制改革工作领导小组办公室　编著
中央文化管理干部学院

SPM

南方出版传媒

新世纪出版社

·广州·

图书在版编目（CIP）数据

转制院团改革发展政策解读 / 文化部文化体制改革工作领导小组办公室， 中央文化管理干部学院 编著．—广州 ： 新世纪出版社，2014.11

ISBN 978-7-5405-8698-0

Ⅰ.①转…　Ⅱ.①文… ②中…　Ⅲ.①文化事业—体制改革—研究—中国 Ⅳ.①G12

中国版本图书馆CIP数据核字（2014）第215925号

出 版 人：孙泽军　　　　　　策 划 人：李江南
责任编辑：宁　伟　　　　　　装帧设计：陈　欢

转制院团改革发展政策解读

文化部文化体制改革工作领导小组办公室 编著
中 央 文 化 管 理 干 部 学 院

出版发行：新世纪出版社
经　　销：全国新华书店
排　　版：北京海航行印刷设计有限责任公司
印　　刷：北京工商事务印刷有限公司
规　　格：787mm×1092mm　1/16
印　　张：11
版　　次：2014年11月第1次印刷
印　　次：2014年11月第1次印刷
书　　号：ISBN 978-7-5405-8698-0
定　　价：28.00元

《转制院团改革发展政策解读》编委会

主　　任：饶　权　　张　旭

编　　委：周庆富　　李红琼　　李秋立　　段周武　　李春华

　　　　　诸葛燕喃　　周虎元　　陈新华

主　　编：周庆富

副主编：宋　薇　卢　娟

编写人员：（按姓氏拼音为序）

　　　　　毕绪龙　　孟晓雪　　乔　丽　　王聪丛　　叶晓新

　　　　　占善钦　　邹一鸣

序

文化部党组书记、部长 蔡武

以舞台艺术为基础的演艺业极具再开发能力和产品衍生潜力，是文化百业的基本业态、基础行业和核心产业，无论是对于丰富文化生活、传播文明风尚，还是对于促进经济转型、增进民生福祉，都具有不可替代的独特作用。然而，与时代的需要、人民的期盼相比，我国演艺业的发展状况，无论是从产业规模、效益看，还是从产品数量、质量看，都还有很大差距。社会各界热切期盼转制院团在新的体制格局中进一步解放和发展演艺生产力，提供更好更多精神食粮。

中央领导同志高度重视国有文艺院团改革发展，近年来先后作出有关批示、指示达数百件（次），对于推动国有文艺院团改革发展起到了主心骨作用。在中央文化体制改革和发展工作领导小组的直接领导下，文化部会同中央组织部、中央宣传部、中央编办、发展改革委、财政部、人力资源社会保障部、税务总局、工商总局等八部门成立了专门文件起草小组，认真学习中央精神，深入基层开展调研，在充分掌握转制院团改革发展政策需求、系统总结各地好经验好做法的基础上，于2013年6月13日共同出台了《关于支持转企改制国有文艺院团改革发展的指导意见》（以下简称《意见》）。舆论公认，《意见》犹如一场"知春好雨"，为转制院团改革发展提供了力度空前的政策保障，为转制院团改革发展开辟了广阔空间。

《意见》的基本精神，可以用"一个中心环节、两个着力点"来概括。

"一个中心环节"，就是将"促进转制院团自我发展能力建设"作为国有文艺院团深化改革的中心环节，坚持把转制院团培育为合格市场主体的改革方向不动摇。转制院团要在激烈的市场竞争中求生存、谋发展，关键在于提升自我发展能力。《意见》要求有关部门努力做到"三个深化"：一是深化体制机制创新。要推动转制院团规范完成转企改制任务，不断深化企业运行机制创新，切实增强加快发展的内生动力。二是深化演艺行业结构调整。要重点培育骨干演艺企业，积极支持中小转制院团走专、精、特发展道路，形成有进有退、优胜劣汰的竞争机制，推动演艺资源优化配置。三是深化演艺业发展方式转变。要推动演艺与金融、科技、旅游等深度融合，完善和拓展演艺产业链，丰富演艺产品和服务的内涵，着力提升我国演艺业发展的质量和效益。

"两个着力点"，就是"强化硬支撑"和"优化软环境"。在"强化硬支撑"方面，《意见》要求有关部门做到"三个强化"：一是强化土地使用政策落实。要采取切实可行的措施，帮助转制院团依法办理土地使用手续，消除转制院团改革发展的后顾之忧。二是强化财税政策支持。转制院团原有的正常事业费继续拨付。将转制院团纳入文化产业发展专项资金支持范围，中央和地方设立的其他有关专项资金和基金，要向符合条件的转制院团倾斜。财政部门要安排一定资金，鼓励和引导转制院团参与公共文化服务。税务部门要认真落实有关税收优惠政策。三是强化演艺基础设施建设。要采取灵活多样的方式为转制院团解决排练演出、场所问题，同时，努力争取多渠道筹措资金，切实加大演艺基础设施建设力度。在"优化软环境"方面，《意见》强调有关部门要做到"三个优化"：一是优化演艺业投融资环境。要努力在完善工商注册登记服务、鼓励各类资本依法投资演艺业、创新演艺投融资工具等方面迈出大的步伐。二是优化中介服务环境。要大力发展演艺中介机构，加强演艺产业要素交易平台建设，促进资本、著作权、人力资源等要素的规范流动与合理配置。三是优化转制院团人才环境。要采取有针对性的举措，为转制院团搏击市场提供强有力的人才支撑。

必须指出的是，在大部分国有文艺院团转制为企业的情况下，强化"硬支撑"的目的在于培育合格的市场主体，这与原有体制的扶持理念是完全不一样的。今后政府的资金扶持要与事业体制下的财政拨款区别开来，由"养人"变为"养事"，由直接给钱给物转到通过购买服务、项目补贴等方式给予扶持，以不断增强转制院团自我发展能力。

转制后的院团，并不是一般意义上的文化企业，其肩负的社会效益和经济效益双丰收的重要使命自始至终没有变。深入推进转制院团改革发展，要充分认识和把握转制院团这一特殊性质，以促进自我发展能力为核心，积极探索市场、政府、社会共同推动转制院团发展的途径，以实现把社会效益放在首位、社会效益与经济效益相统一的要求。这是一条新路，需要不断探索、实践。当前的关键，是加强统筹协调，促进各地抓紧制定落实《意见》的实施细则，确保政策落到实处。同时，要发挥政策的杠杆作用，充分调动社会力量参与、支持转制院团改革发展的积极性，为转制院团深化改革加快发展提供有力保障。

为帮助一线工作者全面、准确掌握《意见》精神，文化部文化体制改革工作领导小组办公室与中央文化管理干部学院合作，编写了这本《转制院团改革发展政策解读》。本书以贯彻落实党的十八大精神和习近平总书记一系列重要讲话精神为指针，根据党的十八届三中全会和前段时间召开的全国文化体制改革工作会议的有关部署，在分析转制院团改革发展面临的新形势、新精神、新任务的基础上，对转制院团改革发展政策作出全面解读，是做好转制院团改革发展工作的重要参考读物。

衷心希望本书能够为各地贯彻落实中央决策部署、推进转制院团改革发展发挥应有作用。改革在路上，实践常新，认识常新。让我们以深入贯彻落实党的十八届三中全会精神为契机，紧紧抓住历史机遇，以更加饱满的热情、更加开阔的思路、更加扎实的措施，奋力开拓转制院团改革发展的新境界！

目　录

第一章

新形势 新精神 新任务

党的十六大以来，国有文艺院团以科学发展为主题，奋力开拓进取，经过十年来尤其是近五年来的深化改革，如期完成了阶段性改革任务，一个以企业为主体、事业为补充，面向市场、面向群众的新型演艺业体制格局已经形成。在转制院团改革发展进入新阶段的重要时间节点上，文化部等九部门联合出台《关于支持转企改制国有文艺院团改革发展的指导意见》（在本书中简称《意见》），为推动转制院团改革发展、提高演艺业科学发展水平提供了强有力的政策保障。党的十八届三中全会通过的《中共中央关于全面深化改革若干重大问题的决定》对进一步深化文化体制改革作出战略部署，为深化国有文艺院团改革发展指明了前进方向、提供了重要遵循。我们一定要把思想和认识统一到党中央、国务院的决策部署上来，珍惜难得的政策机遇，把握转制院团改革发展面临的新形势、新挑战，主动担当起加快转制院团改革发展的历史重任，以扎实有效的工作，确保《意见》精神贯彻落实到位，切实增强我国演艺业整体实力和竞争力。

第一节 国有文艺院团改革发展的成就与经验

近年来，国有文艺院团认真贯彻落实党中央、国务院关于文化体制改革的总体部署，按照"创新体制、转换机制、面向市场、壮大实力"的要求，坚持以转企改制为中心环节，全面推进体制机制创新，取得了喜人成绩，积累了丰富经验。

一、国有文艺院团改革发展的主要成就

（一）阶段性改革任务顺利完成，新型演艺业体制格局初步建立

截至2012年下半年，全国各地 2102家承担改革任务的国有文艺院团（不含保留事业体制院团）全面完成阶段性改革任务，其中，转企改制的院团占61.3%，撤销的院团占20.9%，划转的院团占17.8%。杂技、话剧、歌舞类院团基本实现全行业转企改制。国有文艺院团体制改革充分体现了"以转企改制为中心环节"的改革要求。与此同时，民营文艺院团发展迅速，全国注册民营院团近9000家。通过深化改革发展，初步形成了与社会主义市场经济体制相适应、有利于演艺业科学发展的体制机制，为我国演艺业实现跨越式发展奠定了坚实的基础。

（二）转制院团活力明显增强，演出数量和质量大幅度提升

经过不断深化改革发展，转制院团艺术生产的活力、能力大大增强，在市场竞争中焕发出勃勃生机，演艺市场呈现欣欣向荣的景象。据统计，2012年全国国有文艺院团演出场次达135.5万场，国内观众8.28亿人次，全年总收入196.88亿元，全年演出收入64.15亿元。各级文艺院团推出的精品力作数量逐步增多，《复兴之路》、《1699·桃花扇》、《梦回长安》、《花木兰》、《月上

贺兰》、《苦乐村官》等一大批优秀剧目获得群众好评。演出场次的增加和演出质量的提升，为转制院团创造了良好的经济效益，广大演职员工的工资待遇有了较大幅度的提高。

(三)演艺业发展方式明显转变，整体实力和市场竞争力显著提高

在深化改革过程中，演艺业坚持以科学发展为主题，以转变发展方式为主线，大力提升自身规模化、集约化、专业化程度。一是演艺企业资源整合力度加大，国有骨干演艺企业不断涌现。中国东方演艺集团有限公司和北京、辽宁、江苏、上海等省（区、市）组建的省级演艺集团公司成为演艺市场中坚力量。其中，北京演艺集团有限责任公司、安徽演艺集团有限责任公司、湖北省演艺集团责任公司等注册资本超亿元，中国东方演艺集团有限公司、北京演艺集团有限责任公司、江苏省演艺集团有限公司等年收入超亿元。二是演艺与旅游、创意、高新技术等深度融合，演艺产业结构转型升级有效推进。《丽水金沙》、《时空之旅》、《梦幻腾冲》等剧目，融入科技因子、旅游元素，成为知名演艺品牌。三是演艺院线发展迅速，演艺企业发展空间不断拓展。目前，全国已经建立了北方剧院联盟、西部演出联盟、东部剧院联盟、长三角演艺联盟、珠三角演艺联盟等省际联盟，涌现出中演、保利等全国性演出院线和一批区域性演出院线。

(四)演艺产品评价激励机制发生大转变，演艺创作生产取得社会效益和经济效益双丰收

演艺业坚持把遵循社会主义先进文化前进方向、人民群众满意作为评价作品的最高标准，把群众评价、专家评价和市场检验统一起来，形成科学的评价标准，发挥了对精品力作创作生产的引导作用。"文华奖"评奖规则坚持面向市场、面向群众，作出了有针对性的修订，要求除昆曲、歌剧、舞剧外，其他类别剧目均需演出百场以上才有资格参与评选，演员也必须年均演出百场以上才有资格参与评选。2005年，文化部等四部门联合出台《关于鼓励发展民营艺术表演团体的意见》，在市场准入、行政审批等方面赋予民营艺术表演团体与国有文艺院团同等权利和义务，从政策上保证了国有、民营文艺院团平等竞争。2009年，文化部出台《关于促进民营文艺表演团体发展的若干意见》等文件，提出民营艺术表演团体在全国性文艺评奖、文艺调演表彰活动中与国有文艺院团享受同等待遇。在新的评价激励机制的引导下，我国演艺创作生产呈现积极向上、繁荣发展的新景象。

二、国有文艺院团改革发展的主要经验

首先，加强领导、统筹协调，是国有文艺院团改革发展的组织保证。改革力度大小、成效如何，关键在于组织领导。近年来，中央领导同志对国有文艺院团改革发展作出有关批示、指示数百件（次），对推动院团改革发展起到了主心骨作用。各级党委政府和各有关部门认真贯彻中央决策部署，充分发挥了组织领导作用。改革实践证明，凡是改革进度快、改革效率高、改革效果好的地区，都得益于党委、政府和各有关工作部门的高度重视、周密组织和坚强领导。只有把国有文艺院团改革发展摆在全局工作的重要位置，作为"一把手"工程，切实加强统筹协调，才能形成强大动力。

其次，解放思想、转变观念，是国有文艺院团改革发展的基本前提。解放思想是探索和开拓中国特色社会主义文化发展道路的源头活水。近年来，宣传文化系统不断深化对文化地位和作用、文化发展方向、文化发展目的、文化发展动力、文化发展思路、文化发展格局、文化发展战略、文化发展领导力量和依靠力量的认识，形成了一系列新的文化发展理念。国有文艺院团改革发展的方针政策，就是在这一系列新的文化发展理念的指导下，总结文艺院团改革发展丰富实践经验而制定的。只有在深化改革中解放思想，在解放思想中统一认识，在大胆实践中破解难题，才能不断开创改革发展的新局面。国

有文艺院团体制改革在一些重要环节取得了突破，归根到底是解放思想、转变观念，实事求是、与时俱进的结果。

第三，落实政策、加强扶持，是国有文艺院团改革发展的有效途径。改革能否顺利推进，关键在于政策落实。国有文艺院团改革有着自身的特殊性和复杂性。一是大部分文艺院团底子薄、体量小、包袱重。二是相当多的院团设施陈旧、缺乏必要的演出条件。三是演艺市场尚待进一步培育。针对国有文艺院团的这些实际情况，为确保改革顺利推进，中央相关部门遵循演艺业发展规律，积极借鉴国际上的一些有效做法，出台了一系列支持政策措施。各地认真贯彻落实，并紧密结合当地实际、积极探索解决办法，创造性地开展工作，为本地院团改革制定了更加优惠的扶持政策、更有力度的举措，营造出了"谁改革支持谁"、"早改革早受益"的良好氛围，大大激发了院团改革的积极性、主动性和能动性。

第四，坚持以人为本、保障合法权益，是国有文艺院团改革发展的必然要求。人民群众是文化发展最深厚的力量源泉，推动文化改革发展，必须充分发挥人民主体作用，真正做到文化发展为了人民、文化发展依靠人民、文化发展成果由人民共享。国有文艺院团体制改革直接涉及到广大演职员工劳动用工制度的转变、角色身份的变化以及收入分配、社会保障等诸多切身利益。改革过程中，各地坚持以人为本，走群众路线，尊重职工群众的知情权、参与权，对因改革给广大演职员工带来的待遇和归属的变化等，普遍予以细致考虑、周密安排和妥善解决，有效维护和保障了职工群众的合法权益，使改革获得了最广泛最可靠的群众基础和力量源泉。实践证明，国有文艺院团体制改革进展顺利的地方，都高度重视发挥干部职工的主体性作用，充分考虑干部群众的承受能力和接受程度，切实维护好广大干部职工的权益，尊重知识、尊重人才，调动和激发演职员工内在的改革热情。

第五，因地制宜、分类指导，是国有文艺院团改革发展的重要方法。文化体制改革既与政治体制改革密切相关，又与经济、社会体制改革紧密相连，是一项涉及面广、情况复杂的系统工程，国有文艺院团体制改革尤其如此。按照中央要求，国有文艺院团体制改革坚持从实际出发，认真落实"区别对待、分类指导、循序渐进、逐步推开"的工作方针，主要经历了三个阶段：一是试点探索阶段。在中央召开文化体制改革试点工作会议之后，北京儿童艺术剧院等一批国有文艺院团先行先试，为改革工作全面推开提供了新鲜经验。二是扩大试点阶段。2009年7月，中宣部、文化部联合下发《关于深化国有文艺演出院团体制改革的若干意见》，明确提出把转企改制作为中心环节，推动杂技、歌舞、戏曲类院团率先转企改制，同时要求各省选择一个县级文艺院团进行试点，改革逐步向纵深发展，向面上展开。三是全面推开阶段。2011年5月，在国有文艺院团转企改制经验基础上，中宣部、文化部进一步明确了区别对待、分类指导的改革路径。一方面，对国家重点扶持的京剧、昆曲院团，具有独立法人的交响乐团、芭蕾舞团、歌剧团、民乐团，民族地区服务世居少数民族的文艺院团，列入非物质文化遗产的文艺院团和地方代表性戏曲院团等五类院团，允许保留事业体制，主要是深化内部改革，增强面向市场、服务群众的能力。另一方面，对其他国有文艺院团，明确提出"转制一批"、"整合一批"、"撤销一批"、"划转一批"，改革进入攻坚克难、全面推进新阶段。整个改革过程做到了态度积极、步骤稳妥。

第二节　转制院团改革发展面临的新形势

支持转制院团尽快成为合格的市场主体，必须充分把握转制院团面临的新形势，高度重视转制院团面临的主要问题，做好转制院团改革发展的顶层设计，提升我国演艺业发展水平，促进社会主义文化大发展大繁荣。

一、转制院团改革发展面临的新形势

（一）舞台表演艺术特殊规律突出显现

舞台表演艺术行业是一个"生产"与"消费"同时进行、不可分离的行业，从而具有人力资源成本高、不可复制、规模化生产难度大等特殊性。在国家统包统管的事业体制下，舞台表演艺术产品的商品属性不被重视，不问投入产出效益，不关心成本回收及是否赢利，因而这一特殊性被遮蔽在"半饥半饱"的财政投入与"半事半企"的经营创收之中。而在新体制下，转制院团遵从市场经济规律作为市场主体来独立运营时，舞台表演艺术产品的商品属性被突出出来，创作、排练、演出、营销等环节的费用都要折合成企业成本来独立核算。这时候，由舞台表演艺术特殊性所决定的单位生产成本高于整体经济生产成本的特征开始凸显出来。应对这一新挑战，首先，要把转制院团作为文化体制改革过程中诞生的新生事物来对待。今天的转制院团与改革前相比，体制机制完全变化了，但其所在行业生产消费的根本特征没有变化。对此，既要切实改变仍旧把转制院团作为事业单位来管理、投入的旧观念，又要充分认识财税支持转制院团发展的重要性。其次，要高度重视、深入研究行业特殊规律，遵循市场规律和艺术发展规律，解决转制院团改革发展面临的新问题、新困难、新需求。这些在文化体制改革过程必然遇到的新问题、新困难、新需求，既要通过理顺政府和市场关系来妥善解决，更要在政府和社会力量长期支持转制院团发展的过程中解决。

（二）把转制院团培育为合格市场主体的任务进入攻坚期

在社会主义市场经济条件下，只有把国有文艺院团转换为富于活力的市场主体，才能真正解放和发展演艺生产力；只有通过市场竞争，才能真正激发创造活力，生产出更多更好为人民群众所需要的精神食粮。改革的阶段性任务完成以后，转制院团遵循市场经济规律和艺术发展规律、朝着合格的市场主体方向进一步深化改革发展，成为今后的核心任务。由于我国演艺市场发育程度还比较低，大部分转制院团底子薄、包袱重、经费自给率低、赢利能力弱，转制后面临着巨大的生存和发展压力。如果不继续支持转制院团真正实现由事业单位向市场主体身份的转换，促进转制院团自我能力建设和自身"造血"能力，近年来的体制机制创新成果将很难巩固，没有完全规范转制的院团可能会走"回头路"。在新的演艺业体制格局下，把转制院团尽快培育为合格的市场主体已进入了重要的、迫切的攻坚时期。

（三）"扶上马、送一程"的政策保障体系建设进入关键期

"扶上马、送一程"是对国有文艺院团改革发展加强政策扶持的形象表述。扶上马"是指扶持转制院团具备闯市场的基本生产条件。"送一程"是指对转制院团普遍存在的发展问题，认真加以研究和解决，并继续给予大力支持，以使其稳固市场主体身份，可以在市场竞争中自我发展。相比于"扶上马"，"送一程"的政策保障体系建设更为关键、更为迫切，直接关涉到改革成果的巩固及改革目标的实现，目前可以说进入了关键期。转制院团改革发展政策保障体系建设，需要围绕转制院团多元化收入来源保障作出科学合理的部署，坚持不断完善政府及社会力量支持转制院团改革发展的支撑体系不动摇，构建起企业积极创收、公共财政大力支持、社会力量长期资助的长效机制。

（四）政府管理职能及支持转制院团的方式手段进入调整期

党的十八届三中全会《决定》对加快政府职能转变提出了明确要求。随着文化体制改革的深化，文化宏观管理体制改革进入了新的阶段，政府与转制院团的关系进入了新的调整时期。总体而言，要发挥好"政府之手"、"市场之手"两只手的功能和作用。"政府之手"重在政策调节、市场监管、社会管理、公共服务，弥补"市场失灵"；"市场之手"重在配置资源、实现充分竞争。政府该管的必须管，管要管足、管好，不该管的则要大胆放手，让转制院团在市场竞争中锻炼成长，助推其向着合格市场主体的方向健康发展。对于转变政府职能、创新转制院团扶持方式，有四个方面值得高度重视和深入研究：一是政府支持转制院团完成全部改革任务的保障政策要进一步明晰，确保改革成本支付落实到位；二是财政支持转制院团发展的投入方向、投入方式，要按照舞台表演艺术特殊规律以及转制院团"事转企"过渡期的特点，尤其是转制院团发展面临的演出场所问题、人才培养问题等共性问题作出恰当调整，充分发挥财政支持转制院团平稳步入市场竞争轨道的重要功能和作用；三是在社会力量支持转制院团发展方面，应该侧重考虑税收杠杆的激励和调节作用，引导并促使社会力量积极投资演艺业；四是注重政府管理演艺行业的职能、手段、方式的调整，建立科学的演艺企业评价体系，把制度理性转变为技术理性，提高行业管理的科学化水平。

二、转制院团改革发展面临的主要问题

在深化改革过程中，我国演艺业迎来了新旧体制转型期。一方面，转制院团尚未充分享受新体制的优越性，转制后的体制优势还不能立即转化为发展优势；另一方面，转制院团仍受到旧体制的影响，观念意识需要进一步转变，生机与活力有待增强，广大演职人员的积极性和创造性仍需提高，企业发展的内生动力仍待加强。总之，我国演艺业正处于的新的宏观体制格局正在形成、微观现代企业管理制度尚未完善的过渡期中，转制院团需要经过较长时期才能逐步适应新的体制机制，在市场中发展壮大。就目前转制院团改革发展状况来看，主要面临以下方面的问题亟待解决。

（一）改革成本支付问题

全面完成规范转制，是转制院团今后发展的重要任务之一。任何改革都需要支付成本，文化事业单位转制为企业也需要支付改革成本，改革成本支付是否到位，直接影响到转制院团能否顺利在市场起步。在国有文艺院团体制改革过程中，过去在事业体制下很多没有出现过的情况都会出现，很多没有考虑过的事都需要加以考虑。例如，在转企改制过程中，很多国有文艺院团在过去僵化体制下发展几近停滞，为维持生计而形成各种债务与不良资产，成为改制过程中的累赘；绝大多数转制院团原有的划拨用地需要转为有偿使用，由此产生的费用至今还没有得到解决；很多文艺院团资金存量太小，以至于基本的转制费用都支付不起。此外，转制院团在人员分流安置、工商登记注册和税费缴纳等方面也存在一些比较紧迫的问题，都需要在政策制定上寻找解决办法。近年来，为解决改革成本问题，中央和各地纷纷出台相关政策助推改革。当务之急是要加大政策贯彻落实力度，说过的话要算数，承诺的政策要兑现，这对于巩固改革成果具有重要意义。

（二）排练、演出场所不足问题

排练、演出场所是转制院团开展创作演出经营活动的物质基础。当前，转制院团的排练、演出场所条件总体上仍处于较低水平。在很多地方，演艺基础设施建设的滞后成了制约转制院团发展的瓶颈。要增强转制院团的实力和竞争力，必须将加强转制院团基础设施建设摆在更加突出的位置。

（三）演艺市场培育问题

演艺消费是转制院团经营收入的主要来源，也是文化消费的重要组成部分。目前我国演艺消费总体上还处于较低水平，主要体现在：一是演艺产品购买力不强。比如在内蒙古，一部获国家级大奖的经典剧目的演出，售票率还达不到10%。二是演艺消费理念跟不上，"看演出花钱没面子"在许多人头脑中根深蒂固。三是演出票价过高，不利于培养大众演艺消费习惯，比如2010年北京市大型艺术表演场馆的平均票价为772元，已经接近北京地区人均月平均收入的1/3。

（四）转制院团自我发展动力不足问题

演艺体制新格局的形成引发了演艺市场格局的重构、条块分割、地区封锁、城乡分离的传统市场格局正逐步被统一、开放、竞争、有序的现代市场格局所取代。但是国有文艺院团长期以来依赖财政拨款和行政保护，演艺产品生产"不看市场看奖项"，产出"不问票房问财政"，演艺产品忽视观众需求，转企改制后的企业经营还没有形成完全与市场对接的机制，缺乏主体能动性、创新能力、演艺产品营销能力、资本运作能力和知识产权经营能力还相当薄弱。同时，虽已实现转企改制，转制院团尚未真正建立起健全的现代企业制度，在实行股份制改造、实现跨区域跨行业的资源重组、发展成为真正合格的市场主体等方面尚面临诸多困难和现实问题。

第三节　充分把握支持转制院团改革发展的新精神

在转制院团改革发展进入新的重要历史时间节点上，九部门出台《关于支持转企改制国有文艺院团改革发展的指导意见》，为深化院团改革发展送来了一场"知春好雨"，提供了良好的政策机遇。充分把握《意见》精神，贯彻落实好《意见》，对于促进各地转制院团改革发展具有十分重要的意义。

一、《意见》的总体框架

《意见》主要由"落实和强化对转制院团的政策扶持"、"促进转制院团自我发展能力建设"、"加强转制院团改革发展支撑体系建设"三部分组成，以促进转制院团自我能力建设为中心，以强化硬支撑和优化软环境为两个着力点，构建起了支持转制院团改革发展的总体框架。《意见》是一个既保持政策连续性、又强化政策扶持力度，既考虑转制院团自身建设、又强调完善外部环境，既有硬性规定、又有若干原则要求的系统性、纲领性文件。

《意见》的三部分内容具有很强的理论性和现实依据。首先，《意见》建立在对当前及今后我国演艺业改革发展的基本判断基础之上。国有文艺院团体制改革阶段性任务完成后，无论是产业规模、效益，还是产品数量、质量，舞台表演艺术与中央要求、时代呼唤、人民期盼仍还有很大差距，转制院团亟待在新的体制格局中进一步解放和发展演艺生产力，提供更好更多的精神食粮。其次，《意见》建立在对国际演艺业经验、其他文化行业的有效做法、经济领域企业改革发展经验的借鉴基础之上。如遵循国际通行做法，强调政府和社会力量大力扶持转制院团改革发展；借鉴电影院线等方法，支持一批重点演出院线企业发展，整合剧场和剧目资源，降低演出流通成本；结合演艺企业实际、借鉴产业经济发展经验，制定不同措施，推动骨干演艺企业和中小转制院团健康发展等。再次，《意见》建立在对关涉转制院团发展的问题、困难和需求深入"诊断"基础上，对准转制院团发展过程中最迫切需要解决的若干问题进行政策措施的设计，具有很强的现实针对性。

二、《意见》的内在逻辑关系

《意见》作为新形势下明确转制院团改革发展思路的纲领性文件，具有十分严密的内在逻辑关系。《意见》将"促进转制院团自我发展能力建设"作为国有文艺院团深化改革的中心环节，坚持推进转制院团发展成为合格市场主体的改革方向不动摇。围绕这一中心环节，《意见》的14条内容从强化"硬支撑"和优化"发展软环境"两个着力点形成促进转制院团自我能力建设的政策系统。全面领会《意见》精神，关键在于深入理解和把握"一个中心环节两个着力点"，把三者统一于解放和发展演艺生产力、推动演艺业全面发展繁荣的实践之中。

《意见》强调，政府有关部门要将管理重心转到促进转制院团提升自我发展能力上来，通过深化体制机制创新、深化演艺行业结构调整、深化演艺发展方式转变，引导这一新型演艺市场主体将体制优势转化为发展优势，不断增强自身实力和市场竞争力。具体而言，即继续支持转制院团全面完成规范转制任务及自主创新，把培育骨干演艺企业与扶持中小转制院团健康发展并举，鼓励演艺业与金融、科技、旅游等对接、融合发展。

支持转制院团改革发展要有强有力的政策扶持和投入保障，真正解决实际问题，确保转制院团"带嫁妆"上路。为此，《意见》对强化土地使用政策、财税扶持政策、演艺基础设施建设、文艺演出院线建设等作出明确要求，并提出了若干新思路、新举措。对于转制院团的"硬支撑"，《意见》充分体现了两个原则：一是"落实"，即贯彻落实已有政策要坚定、彻底，切实兑现承诺；一是"强化"，即新的扶持政策要到位、管用，提振转制院团广大演职员工信心。

《意见》强调谋划当下、兼及长远，通过优化演艺业发展"软环境"为演艺企业可持续发展夯实市场基础。具体而言，即对优化演艺业投融资环境、优化中介服务环境、优化转制院团人才环境提出了指导性的发展思路和具体意见。

上述内容，从"中心"与"两翼"、内部机制与外部环境、硬件和软件、政策扶持与社会力量支持等方面构建起了支持转制院团改革发展的系统工程，同时，这一系统工程充分考虑了转变政府职能及管理方式、加大财政投入及转变财政投入方式，具有严密的内在逻辑关系，形成了求真务实、科学有效的顶层设计。

三、《意见》的主要特点

《意见》由九部门联合发文，在保持政策连续性、稳定性的基础上，具有三个突出特点：

第一是系统性。自2003年文化体制改革试点工作开展以来的相关扶持政策，对深化国有文艺院团体制改革起到了保驾护航的重要作用，但许多文件只涉及转制院团改革发展的某些方面。《意见》则在全面梳理以往相关扶持政策的基础上，对支持转制院团改革发展的方方面面进行了统筹安排。

第二是针对性。自2003年文化体制改革试点工作开展以来的有关政策文件面向文化体制改革的各行各业，其中一些政策虽然也适用于转制院团，但无法兼顾转制院团不同于其他转制单位改革发展的特征、问题和支持重点，某种程度上削弱了支持转制院团改革发展的力度。《意见》则专门面向转制院团，根据转制院团改革发展面临的突出问题和迫切需要，针对土地使用、财税扶持、排练演出条件及基础设施建设以及市场环境建设等各个方面提出了相应的解决措施。

第三是协同性。《意见》由九个部门联合出台，更有利于保障政策有效落实。包括《关于深化国有文艺演出院团体制改革的若干意见》（文政法发[2009]25号）、《关于加快国有文艺院团体制改革的通知》（文政法发[2011]22号）在内的一些政策文件，虽然是专门针对国有文艺院团体制改革的，但因为政策落实涉及到财政、税收、工商、人事、组织、编制、发改、土地等多个部门，仅以单个或一两个部门的文件形式下发，很多涉及转制院团实际利益的利好政策，其影响力和最后的执行情况都打了折扣。《意见》由九部门联合印发，增强了中央精神在各相关系统的执行力度。

第四节 努力完成转制院团改革发展新任务

在文化体制改革进入"深水区"、"攻坚期"的新的历史阶段,《意见》的出台对于转制院团深化改革加快发展,是一次难得的历史机遇。我们要紧紧抓住历史机遇,以更加高涨的热情、更加开阔的思路、更加扎实的措施,以深入贯彻落实《意见》精神的实际行动和新的实绩,努力完成转制院团改革发展的新任务,奋力开拓转制院团改革发展的新境界。

一、全面完成国有文艺院团规范转制工作任务

全面完成规范转制,是转制院团向着市场主体方向发展的基础。由于各地改革发展不平衡及各种历史和现实的原因,国有文艺院团转企改制任务虽已完成,但还有一些转制院团与规范转制的要求有不少差距。在深化文化体制改革的新阶段,"不走回头路"、"可核查不可逆",依然是对国有文艺院团全面完成规范转制的总要求。转制院团要继续按照中央要求,完成好清产核资、工商注册登记、核销事业编制、注销事业单位法人、同职工签订劳动合同、按照企业办法参加社会保险等各项任务,为尽快成为合格的市场主体奠定基础。

二、努力促进转制院团自我发展能力建设

从转制院团自身而言,规范转制后面临按照市场主体开展自主运营的紧迫问题,提高自我发展能力成为转制院团深化改革发展的首要任务。行政主管部门及转制院团要进一步树立深化改革的意识,把工作重心转移到促进提升转制院团自我发展能力、提高"造血"能力、按照合格市场主体身份开展市场运营上来。具体而言,即按照

《意见》要求，不断完善转制院团企业运营机制，加快公司制股份制改造，建立现代企业制度，完善法人治理结构，鼓励一步到位实行股份制。要着力提升创新能力、演艺产品营销能力、资本运作能力和知识产权经营能力。强化企业内部运行机制和经营管理创新，实行市场化、企业化的经营者选用机制，努力形成符合现代企业制度要求、体现文化企业特点的资产组织形式和经营管理模式。

三、全面完善转制院团改革发展政策支持体系

贯彻落实《意见》既是深化转制院团改革发展的硬任务，更是全面完善本地区转制院团改革发展政策支持体系的重要契机。要借此东风，将本地区已出台的好政策、已出台但尚未落实的政策、新出台的政策融化到实施细则之中，从而构建起本地区支持转制院团改革发展的政策体系。一是对所有适用于文化改革发展的中央相关政策，要进行全面梳理，加以深入研究，尽量用足用好。二是对尚未落实的相关政策，文化行政部门要认真与相关部门沟通、磋商，共同制定实施办法，增强落地性和执行效果。三是按照"扶上马、送一程"的要求，以扶持转制院团尽快成为合格的市场主体为目标，结合本地实际，出台更加优惠的新政策。

四、逐步优化演艺业可持续发展环境

党的十八届三中全会《决定》提出，要全面正确履行政府职能，必须切实转变政府职能，深化行政体制改革，创新行政管理方式。转变政府在演艺领域的管理和服务职能，是文化领域转变政府职能的重要内容，也是贯彻落实《意见》的重要任务。推进体制机制创新与政府宏观管理体制改革紧密结合，才能够真正为转制院团乃至整个演艺行业改革发展创造良好外部环境。这方面的新任务主要包括：

一是遵循市场经济规律，通过促进演艺企业市场竞争能力提升

来实现扶持目的。要与事业体制下的财政拨款相区别，在坚持市场公平的原则下转变财政投入方式，根据转制院团改革发展的实际需求继续给予财政支持，由"养人"变为"养事"，由直接给钱给物转到通过购买服务、项目补贴等方式来给予支持。

二是按照政府提供优质公共服务的职能要求，通过着力解决演艺企业普遍面临的共性问题来做好服务。主要工作任务包括优化演艺业投融资环境、中介服务环境、人才环境，与推动文化产业公共服务平台建设相结合，为转制院团改革发展搭建起政策支撑、公共服务、投资融资、贸易合作、人才培养的平台，为演艺产业发展提供良好的政策和市场环境。

三是针对演艺产品的意识形态属性和商品属性，提升演艺行业管理科学化水平，履行好宏观管理的职责。主要包括内容监管、市场监管、行业组织管理等。

需要强调的是，要顺利完成上述工作任务，关键在于制定贯彻落实《意见》的实施细则。

落实和强化对转制院团的政策扶持

第一节　落实土地使用政策

一、土地处置是转制院团改革发展的难点问题

土地处置作为经营性文化事业单位转企改制的重要环节，是国有文艺院团改革的难点问题。国有文艺院团过去大都是事业单位，其所用土地一般属于划拨用地，院团转制为企业后，所用土地的性质发生变化，需由划拨用地转为经营性用地，随即带来了土地有偿使用问题。

由于没有能力承担高额的土地有偿使用费等原因，许多转制院团的土地处置问题尚未解决，直接影响转制院团的改革发展。一是影响规范转制。按照规范转制的要求，国有文艺院团需完成清产核资、工商注册登记、核销事业编制、注销事业单位法人、同职工签订劳动合同、按照企业办法参加社会保险等任务。如果土地处置问题未解决，事业单位法人则无法注销，转制院团就不能进行工商注册登记。二是影响转制院团发展壮大。文艺院团属于轻资产行业，土地可以说是转制院团可以利用的最大资产。土地使用问题没有落实，转制院团就难以利用土地资源做大做强。

二、采取切实措施落实土地政策

《意见》指出，要落实转制院团土地使用政策。强调相关职能部门要采取切实可行的措施，帮助转制院团依法办理土地使用手续。

《国务院办公厅关于印发文化体制改革中经营性文化事业单位转制为企业和支持文化企业发展两个规定的通知》（国办发[2014]15号，以下简称"15号文"）对土地处置问题作出了明确规定，为转制院团进行土地资产处置提供了政策依据。文件规定，经营性文化事业单位转制涉及的原划拨土地，转制后用途符合《划拨用地目录》的，可继续以划拨方式使用，不符合《划拨用地目录》的，应当依法实行有偿使用。经省级以上人民政府批准，经营性文化事业单位转制为授权经营或国有控股企业的，原生产经营性划拨用地，经批准可采用国家出资（入股）方式配置。经营性文化事业单位转制为一般竞争性企业的，原生产经营性划拨用地可采用协议出让或租赁方式进行土地资产处置。

【延伸阅读】

内蒙古新华发行集团股份有限公司的土地处置方式

内蒙古新华发行集团股份有限公司在股份制改革过程中制定并落实了国有划拨土地使用权作价入股的细则，对转制院团土地处置具有参考意义。

　　在2004年设计股份制改造方案之初，内蒙古新华发行集团股份有限公司就对国家关于国有企业改革中国有划拨土地处置的法律法规和政策规定，进行了深入细致的研究。依据原国家土地管理局1998年2月发布的《国有企业改革中划拨土地使用权管理暂行规定》（国家土地管理局第8号令）和国土资源部《关于改革土地估价结果确认和土地资产处置审批办法的通知》（国土资发[2001]44号）等政策规定，由国家控股的关系国计民生、国民经济命脉的关键领域和基础性行业企业或大型骨干企业，改造或改组为有限责任公司、股份有限公司以及组建企业集团的，涉及的划拨土地使用权经省级以上人民政府土地管理部门批准，可以采取国家以土地使用权作价出资（入股）方式处置。

　　集团公司针对其资产规模较小、货币资金相对不足的状况，经研究决定，对集团公司所占有的国有划拨土地，采取国家使用权作价入股方式进行处置。集团公司认为这样做有以下益处：一是能真实反映集团公司的资产状况和规模，且盘活了存量资产、增大了资产规模；二是可以土地资产对外投资、入股，而且同内资企业共同投资新设公司时，无需缴纳土地出让金，土地资产可作为抵押物；三是同其他国有划拨土地的处置方式相比，可避免巨额的现金流出，同时可免交土地年地租和使用管理费，大大降低经营成本；四是如遇建筑物拆迁改造，集团公司可以同相关方面进行平等谈判，土地也必须得到以市场价值为标准的合理补偿。此外，采取这种处置方式，国家对企业占有土地的管理，也由实物形态管理变为价值形态管理，国家以股东身份依法享有对企业投资的收益。

　　最后，内蒙古自治区人民政府批准同意集团公司将占有的国有划拨土地，采用国家使用权作价入股方式进行处置。

（资料来源：中国文明网，2009年10月22日）

第二节 加大财税扶持力度

一、加大财税扶持力度对转制院团改革发展的必要性

任何改革都离不开国家财税的支持，财税政策的支持是国有文艺院团体制改革顺利完成阶段性任务的重要保障。在深化文化体制改革的新阶段，全面完成国有文艺院团规范转制任务、培育合格演艺市场主体、弥补演艺市场失灵，仍需要加大财税扶持力度。

（一）全面完成规范转制需要加大财税扶持

目前，一些国有文艺院团规范转制的任务还很重。对此，必须继续发挥财税扶持政策保驾护航的重要作用，落实完善财税优惠政策，保障改革成本支付及其他相关资金到位，确保顺利完成规范转制任务。

（二）培育合格演艺市场主体需要加大财税扶持

改革是手段，发展是目的。转企改制只是国有文艺院团改革迈出的第一步，转制院团今后面临的是在激烈的市场竞争中如何生存和持续发展问题。当前，大部分转制院团底子薄、包袱重、经费自给率低、赢利能力弱，还是市场中的幼苗、市场竞争中的弱势群体。转制院团成长为合格市场主体并不断发展壮大，离不开财税政策的大力支持。据统计，目前注册资本超亿元、年经营收入超亿元的转制院团只有寥寥数家，转制院团做大做强任重道远。因此，必须进一步加大财税扶持力度，将转制院团"扶上马"后，再加"送一程"。

（三）弥补演艺市场失灵需要加大财税扶持

在发挥市场配置演艺资源积极性作用的同时，我们还需要充分考虑舞台表演艺术的意识形态属性、社会属性所决定的转制院团提供公共产品、满足人民群众精神文化需求的固有功能。从经济学的角度来讲，演艺企业提供公共产品、满足社会公共需求带有鲜明的"正外部

性"特征，发挥这一"正外部性"，需要国家财税政策及时介入，以弥补市场失灵和市场缺陷，推动演艺企业健康发展。

二、加大财政扶持力度

（一）继续拨付原有正常事业经费

《意见》指出，国有文艺院团转制后原有的正常事业费继续拨付，主要用于解决转制前已经离退休人员的社会保障问题。

在转企改制前，事业经费是国有文艺院团的主要资金来源。转企改制后，转制院团的经营能力还比较薄弱，经费自给率不高，既要卸下历史遗留的"包袱"，又面临激烈市场竞争中的生存发展问题，因此大多数无力承担离退休人员的社会保障经费支付。国有文艺院团转制后原有的正常事业费继续拨付，是对转制院团解决转制前已经离退休人员的社会保障问题给予的财政支持，体现了对中央关于转制院团"卸下包袱、轻装前进"要求的具体贯彻落实。

（二）加大投入力度

《意见》强调，将转制院团纳入文化产业发展专项资金支持范围，中央和地方设立的其他有关专项资金和基金，要向符合条件的转制院团倾斜，主要用于支持转制院团的发展和创新项目。财政部门安排一定的资金，通过政府购买服务、项目补贴、定向资助、以奖代补等方式，鼓励和引导转制院团参与公共文化服务。

首先，要将转制院团纳入文化产业发展专项资金支持范围。根据中央关于实施重大文化产业项目带动战略的要求，中央财政于2008年设立文化产业发展专项资金，截至2013年已累计安排142亿元。地方各级政府对文化产业发展专项资金的投入力度也在逐年加大。2011年，中央文化产业发展专项资金对转制院团实行倾斜，来自转制院团的23个项目获得资助，资助规模达12 800万元。但从总体看，文化产业专项资金对转制院团的扶持范围还比较小，须进一步扩大扶持范围，最大限度将转制院团纳入其扶持范围。

其次，其他相关专项资金和基金要向转制院团倾斜。除中央和地方文化产业发展专项资金外，各地还要充分利用文化产业投资基金、农村文化建设专项资金、国家非物质文化遗产保护专项资金以及中小企业发展专项资金、援外专项资金等，积极支持转制院团的发展和创新项目。比如，2011年国家非物质文化遗产保护专项资金，对北京、天津、山西、安徽、湖南、广西、四川等16个省区市共计46家转制院团提供经费补助2587万元，在保护非物质文化遗产项目与促进转制院团发展等方面发挥了积极作用。

第三，采取多种方式鼓励引导转制院团参与公共文化服务。财政支持转制院团参与公共文化服务，既是履行支持文化建设的责任，也是支持转制院团发展的重要途径。一是健全完善政府购买制度，明确政府购买公共演艺产品和服务的内容、数量和资金，并向转制院团予以倾斜，充分发挥公共财政支持公共文化服务和转制院团发展的双重效益。二是采用项目补贴形式，对优秀演艺项目予以资助，鼓励多创作、多出演艺精品。三是采用定向资助形式，对特定项目或演艺人才等予以财政资助。四是采用以奖代补形式，通过设立奖项来激励转制院团创作生产。

【延伸阅读】

重庆市加大财政支持力度，夯实转制院团发展基础

重庆市推动市杂技艺术团、曲艺团、越剧团、演出管理处4个单位转企改制，于2010年组建重庆演艺集团有限责任公司。市财政一次性投入集团公司资本金1600万元，并给予400万元改革配套经费，用于解决院团转制遗留问题和添置必要的演出设备。将转制院团离退休人员和未聘人员的津补贴、遗属补助费、丧葬抚恤费、医

疗保险费等全额纳入市级财政预算。市财政以2009年对上述4个单位的投入（扣除离退休人员费用）为基数，规定连续3年按每年递增10%的标准核定经费，以"购买服务+项目投入"的方式投入集团公司。自2011年起，重庆市政府购买文艺演出场次由每年1000场增至2000场。市财政对院团的演出按场次进行补贴，以每年演出100场为标准，对超过100场的场次，给予每场1至5万元的补贴。在配置基础设施和设备方面，重庆市将四家转制单位原有土地及重大资产，经评估后作为国有资产划入新企业，并将在建的国际马戏城以国有资产有偿使用的方式配置给集团公司，在未完成剧场配置前，市财政出资购买或租用一个剧场交给集团公司使用。

（资料来源：文化部文化体制改革工作领导小组办公室）

（三）转变财政投入方式

《意见》提出，建立健全财政投入激励政策机制，把实现良好社会效益和经济效益作为财政扶持的重要标准，提高财政资金使用效益。

在大部分国有文艺院团转制为企业的情况下，加大财政投入力度的目的在于培育合格的市场主体，这与原有体制的扶持理念是完全不一样的。今后政府的资金扶持要与事业体制下的财政拨款区别开来，由"养人"变为"养事"，由"养单位"变为"做项目"，由直接给钱给物转到通过购买服务、项目补贴等方式给予扶持，以不断增强转制院团自我发展能力。要真正发挥财政资金的引导作用，一方面要转变投入方式，另一方面必须建立健全财政投入激励约束机制，构建权责统一的转制院团运行机制。

建立健全转制院团财政投入激励约束机制，一是要在确保财政资金落实到位的基础上，严格按照相关规定，明确资金用途，加强资金支出监督管理，切实发挥财政资金在解决转制院团突出问题、推动转制院团发展壮大等方面的作用。二是要坚持把积极面向市场、服务群众、提供更多更好的演艺产品作为财政投入的重要依据，加强对演艺精品剧目创排、复合型演艺人才培养、优秀演艺产品市场推广的引导和支持，保证"好钢用在刀刃上"，充分发挥财政资金引导转制院团走市场的杠杆作用。三是要积极创新投融资方式，充分发挥财政资金投入的乘数效应，引导社会资金参与国有文艺院团公司制股份制改造、重大演艺项目及演艺公共设施建设等，助推演艺业改革发展。

表1　国有文艺院团改革发展主要财政政策

年份	文件名称	主要内容
2009	《关于深化国有文艺演出院团体制改革的若干意见》（文政法发[2009]25号）	确保院团转企改制后原有正常事业费继续拨付，并通过文化产业资金等予以支持。推进有条件的地方探索建立文化艺术发展基金，采取项目补贴、定向资助、贷款贴息和以奖代补等方法，加大对转企改制院团的资金支持力度，重点扶持精品创作生产和人才培养。
2010	《关于金融支持文化产业振兴和发展繁荣的指导意见》（银发[2010]94号）	中央和地方财政可通过文化产业发展专项资金等，对符合条件的文化企业，给予贷款贴息和保费补贴。支持设立文化产业投资基金，由财政注资引导，鼓励金融资本依法参与。
2011	《关于加快国有文艺院团体制改革的通知》（文政法发[2011]22号）	要加大对国有文艺院团转制的政策扶持力度，中央已经出台的支持文化体制改革和文化产业发展的各项政策，适用于转制文艺院团。各地要结合实际，制定更具操作性、更加优惠的地方性政策。 国有文艺院团转制前由各级财政安排的正常事业经费，转制后在一定期限内继续拨付。中央财政和地方财政通过安排文化产业发展专项资金、宣传文化发展专项资金等渠道，对转制文艺院团重点产业发展项目予以支持，分批为县级转制文艺院团配备流动舞台车、交通车，资助转制文艺院团更新设备、改善排练和演出条件。鼓励以政府购买服务或按场次补贴等方式，支持转制文艺院团深入基层、深入群众，培育和引导农村演艺市场。以政府采购或资助方式举办的政策宣传性演出活动、重大节庆演出活动、对外文化交流、慰问演出等，在同等条件下，优先安排转制文艺院团承办或参演。国家非物质文化遗产保护专项资金，要向承担非物质文化遗产保护任务的转制院团倾斜，鼓励生产性保护。

续表

2011	《中共中央关于深化文化体制改革推动社会主义文化大发展大繁荣若干重大问题的决定》	把主要公共文化产品和服务项目、公益性文化活动纳入公共财政经常性支出预算。采取政府采购、项目补贴、定向资助、贷款贴息、税收减免等政策措施鼓励各类文化企业参与公共文化服务。
2014	《国务院办公厅关于印发文化体制改革中经营性文化事业单位转制为企业和支持文化企业发展两个规定的通知》（国办发[2014]15号）	原事业编制内员工的住房公积金、住房补贴中由财政负担部分，转制后继续由财政部门在预算中拨付；转制前人员经费由财政负担的离退休人员在住房补贴尚未解决的，转制时由财政部门一次性拨付解决；转制前人员经费自理的离退休人员以及转制后离退休人员和在职职工住房补贴资金，由转制单位按照所在地市、县市人民政府有关企业住房分配货币化改革政策以及企业财务会计制度的规定，从本单位相应资金渠道列支。 为确保转制工作顺利进行，同级财政可一次性拨付一定数额的资金，主要用于资产评估、审计、政策法律咨询等。 中央财政和地方财政应安排文化产业发展专项资金，有条件的应扩大专项资金规模，创新资金投入方式，完善政策扶持体系，采取贴息、补助、奖励等方法，支持文化企业发展。 加大财政对文化科技创新的支持，将文化科技纳入国家相关科技发展规划和计划，积极鼓励文化与科技深度融合，促进文化企业、文化产业转型升级，发展新型文化业态。

四、落实税收优惠政策

《意见》强调，落实税收优惠政策，转制院团可按现行税收政策规定享受有关税收优惠政策。

税收优惠政策是财政支持文化改革发展的重要手段。近年来，一系列税收优惠政策的出台，对支持经营性文化事业单位转制为企业和文化企业发展发挥了重要作用，为推动文化体制改革、加快文化事业和文化产业发展营造了良好的外部环境。财政部、国家税务总局《关于文化体制改革中经营性文化事业单位转制为企业的若干税收优惠政策的通知》（财税[2009]34号）规定，经营性文化事业单位转制为企业，自转制注册之日起免征企业所得税。由财政部门拨付事业经费的文化单位转制为企业，自转制注册之日起对其自用房产免征房产税。对经营性文化事业单位转制中资产评估增值涉及的企业所得税，以及资产转让或划转涉及的增值税、营业税、城建税等，给予适当的优惠政策。财政部、海关总署、国家税务总局《关于支持文化企业发展若干税收政策问题的通知》（财税[2009]31号）规定，文化企业在境外演出从境外取得的收入免征营业税。为生产重点文化产品而进口国内不能生产的自用设备及配套件、备件等，按现行税收政策有关规定，免征进口关税。就目前转制院团改革发展的实际需求而言，当务之急是落实上述相关重点政策。

【延伸阅读】

国家税务总局运用税收政策支持文化改革发展

党的十七届六中全会通过的《关于深化文化体制改革 推动社会主义文化大发展大繁荣若干重大问题的决定》对税收工作提出了新的要求。国家税务总局按照党中央、国务院的决策和部署，与有关部门共同研究完善促进文化体制改革和文化产业发展的税收政策，为深化文化体制改革、加快文化事业和文化产业发展营造良好的税收环境。

一是继续支持文化体制改革。根据文化体制改革的新安排、新部署，按照统一税法、规范税制、区别对待的原则，调整完善与文化体制改革发展要求不完全相适应的税收政策。

二是积极支持新兴文化产业发展。对国家已经相继实施的促进科技进步和自主创新、促进科技成果转化的一系列税收政策，要根据形势的发展不断加以调整和完善。研究实施支持新兴文化业态的税收政策。在营业税改征增值税的试点中，把文化创意率先纳入试点范围，鼓励从事文化创意的企业发展。结合制定国家战略性新兴产业配套税收政策，继续研究属于国家战略性新兴产业的文化新兴产业的税收扶持政策。

三是大力支持社会力量参与文化事业建设。为非公有资本进入文化产业创造良好的税收政策环境和平等竞争机会，鼓励非公有资本进入政策许可的文化产业领域；鼓励和引导社会力量兴办公益性文化事业，并予以一定的政策优惠；对重大公共文化服务工程，要进一步完善税收支持政策；加大对企业和个人捐赠文化事业的税收支持力度，完善公益捐赠和赞助的税收优惠政策。

四是鼓励支持文化企业"走出去"。研究完善鼓励文化服务在科研、生产和销售各环节的税收政策；完善促进文化产品进出口的税收政策；加快税收协定的谈判和签订，建立税收情报交换机制；鼓励中国文化企业在境外兴办实体，推动海外文化阵地的本土化。

五是努力营造文化事业和文化产业繁荣发展的良好税收环境。各级税务机关加强对政策落实情况的督促检查，确保各项支持文化改革发展的税收优惠政策落到实处。不断优化纳税服务，深入开展税法宣传，对列入转制的经营性文化事业单位，有针对性地开展送政策上门活动，对文化企业进行个性化、特色化的政策和办税业务辅导，为文化企业提供优质、高效、便捷的服务。

（资料来源：人民网，2011年12月6日）

第三节 改善转制院团排练、演出条件

一、改善转制院团排练、演出条件的重要意义

排练和演出场所是转制院团改革发展的重要物质基础和必要保障。当前，转制院团排练、演出场所条件总体上仍处于较低水平，各地演艺基础设施建设的普遍滞后成为制约转制院团发展的瓶颈，严重影响着转制院团开展市场经营。要增强转制院团的实力和竞争力，有必要将加强转制院团基础设施建设摆在更加突出的位置。

二、采取灵活多样方式解决排练、演出场所问题

第一，以置换、改造现有闲置建筑等方式为转制院团提供排练场所。这一措施不仅可以盘活闲置资源，而且可以节约投资和土地资源。

第二，加大改造、扩建现有剧场力度，以配置、租赁、委托管理等多种方式为转制院团提供演出场所。

第三，采取配备流动舞台车、交通车等方式，为转制院团提供演出条件。流动演出条件的改善，对促进转制院团主动寻找演出市场、承担惠民演出项目等非常必要，尤其对于基础设施薄弱的县级转制院团拓展业务有实际帮助。

第四，《意见》还提出了一些创新性扶持方式。如由政府购买演出场所的一些演出时段，为转制院团提供免费或优惠的演出条件。对转制院团租赁场地进行演出的，给予场租补贴，以缓解院团演出成本压力等。

需要强调的是，为转制院团配置的剧场应主要用于演艺项目经营，不得挪作他用，确保所配置的剧场年演出场次达到一定数量。

第四节　加大演艺基础设施建设力度

一、基础设施落后成为转制院团发展的瓶颈

表演艺术与其他艺术门类最大的不同，是需要一个固定的、实体的演出空间，即演出场所。表演艺术"生产"和"消费"的同时、同地性，决定了演出场所既是表演艺术产品的"生产车间"，又是观众欣赏"消费"的物质空间。因此，包括演出场所在内的基础设施建设就显得尤为重要。

在文化体制改革过程中，党和政府始终高度重视演出场所建设及其他基础设施建设问题。2005年，文化部等五部委《关于文化领域引进外资的若干意见》（文办发[2005]19号）提出，在中方控股51%以上或中方占有主导地位的条件下，允许外商以合资、合作的方式设立和经营演出场所。国务院《关于非公有资本进入文化产业的若干决定》（国发[2005]10号）提出鼓励和支持非公有资本参与演出场所等国有文化单位的公司制改建。这些利好政策为改善全国各级文艺院团演出硬件设施条件发挥了重要作用。尽管近年来对文艺院团基础设施和演出设施投入力度加大，但是部分地区仍存在着演艺基础设施薄弱问题。从总体上来看，转制院团的基础设施总体落后于其他文化设施建设，主要存在以下问题：一是演出场馆总量不足。二是设备老化陈旧，许多剧场达不到舞台表演规范要求，不能充分满足演出需要。三是地区发展不均衡。中西部地区的演艺基础设施远远落后于东部地区。上述问题表明，推动转制院团发展和演艺业繁荣，亟需大力改善和加强基础设施建设。

二、加大建设力度

针对上述问题,《意见》对加大演艺基础设施建设提出了具体措施,要求多渠道筹措资金,支持演艺基础设施建设,文化事业基建投资、城市建设项目征收的城市建设综合配套费,可支持带有公共文化服务职能的演艺基础设施建设。鼓励社会资本、社会团体、民办非企业单位投资中小剧场等演艺基础设施建设。鼓励发展多层次、多业态的演出场所。

表2 涉及演艺基础设施建设重要政策一览表

年份	文件名称	主要内容
2009	《关于深化国有文艺演出院团体制改革的若干意见》(文政法发[2009]25号)	大力改善转企改制院团生产经营基本条件,以新建、改造、委托经营、租赁等多种形式,为转企改制院团配备相对固定的演出场所。
2011	《关于加快国有文艺院团体制改革的通知》(文政法发[2011]22号)	积极发展多层次、多业态的演出场所。加大改造、新建剧场的力度,以配置、租赁、委托管理等多种方式提供给转制文艺院团使用。
2012	《文化部"十二五"时期文化产业倍增计划》	发展文艺演出院线,支持建设、改造剧院等文化消费基础设施。提高基层文化消费水平,引导文化企业投资兴建更多适合群众需求的文化消费场所。支持社会力量兴办各类文化设施,鼓励机关、学校和部队的文化设施面向社会开放。

具体而言,首先要加大投入。一是鼓励将剧场建设纳入当地公共文化服务体系建设范畴,纳入文化事业经费统筹,同时严格预算制定,确保专款专用。二是从城市建设综合配套费中安排资金保障剧场建设。城市建设综合配套费主要用于市政公用配套设施的建设和维护,是市政基础设施建设资金的补充。根据《意见》精神,城市建设综合配套资金可用于带有公共文化服务职能的演艺基础设施建设,各

地可依据这一政策，积极支持当地演艺基础设施建设。三是鼓励社会资本、社会团体、民办非企业单位投资剧场建设。根据国内外经验，建设剧场仅仅依靠财政资金远远不够，必须鼓励、引导社会资本投入。要探索多种资金引入模式，拓展资金渠道。比如引入基金运行模式，通过设立剧场建设基金及科学管理机制保障剧场建设。对社会团体、民办非企业等投资剧场建设，按照相关规定落实优惠政策。

其次，要鼓励中小剧场建设，发展多层次、多业态演出场所。目前，全国剧场结构尚存在比较突出的问题，主要表现在许多城市新建的大型剧场空置率较高，同时中小剧场数量不足，一些地方存在转制院团"进不起"大剧场、适宜演出的中小剧场匮乏的现象。对此，一是要通过政府投资等方式，加大中小剧场建设力度。二是要充分利用市场资源，探索文艺演出与旅游业、影视业、网络业、餐饮业等相结合，积极催生多层次、多业态的演出场所，扩大演艺传播空间。三是帮助中小剧场建立更具市场活力的经营机制，培养优秀经营管理人才，并通过对剧场演出进行补贴等方式，激活演出市场，让更多普通百姓有走进剧场欣赏舞台艺术的机会。

第五节　支持文艺演出院线建设

一、建设文艺演出院线的重要作用

文艺演出院线是以资产联结或签约加盟的形式组建的具有独立企业法人资格的剧院、剧场连锁经营实体。与传统的剧院管理方式相比，其经营优势是对演艺资源进行集中供应和统一管理，有利于实现演艺资源的规模化、集约化和专业化经营。加快文艺演出院线建设，对打破地域界限和市场分割，整合剧场和剧目资源，降低演出流通成本，提升演艺业科学发展水平具有重要作用。

从产业链角度来讲，演艺产业上游的剧目生产与下游的剧目传播消费紧密相关，演艺剧目资源瓶颈被打破后，如何使演出效益最大化就成为关键问题。文艺演出院线致力于整合演艺产业资源、规范提升剧院管理、促进演艺产品流通，对节目采购、节目制作、市场营销、品牌管理以及舞台灯光、音响设备等进行统一经营管理，有利于打通演出产业链，实现资源共同利用，达到演艺产品及其他演艺资源利用的最大化。

从提高演出效益来讲，演出院线建设有利于降低演出成本、增加利润。文艺演出院线多采用"全国巡演+少量驻演"的经营方式，不但可以降低原创剧目的投资风险，而且能够有效地降低单场演出成本，从而形成规模经济，使演出票价保持在合理价位，让观众消费得起高质量的文艺演出，共享优质演艺资源，活跃繁荣区域演出市场。曾有人做过测算，中直院团到地方演一两场，演出费加上吃住行和宣传推广费用，大约需要50万元费用。按卖出1000张票计算，若想收回成本，平均票价需500元；省直院团到地方演一两场，各项成本费用也需要20万元左右，平均票价需200元。这种价位的演出票，普通老百姓买不起，票也就卖不出去。而加入文艺演出院线的转制院团，在院线剧场的演出成本能够大大减少。

从剧场利用角度来讲，文艺演出院线能有效盘活剧场资源、提高剧场利用效率。通过文艺演出院线的剧目采购和配送体系，可以有效解决二、三线城市剧场存在的演出节目不足、剧场利用效率低、部分剧场常年闲置等问题，激发演出市场活力。如武汉琴台大剧院、琴台音乐厅由保利院线管理经营后，借助院线优势，北京观众非常熟悉的新年音乐会、"打开艺术之门"、市民音乐会，甚至每年固定的演出季等品牌文化活动都能"快递"到武汉，不仅为武汉培养了不少潜在观众，而且获得了良好的社会效益和经济效益。

二、支持文艺演出院线建设

《意见》强调，支持文艺演出院线建设。支持一批重点文艺演出院线企业发展，整合剧场和剧目资源，降低演出流通成本。推动主要城市演出场所连锁经营。鼓励转制院团特别是骨干演艺企业通过投资、联合等方式参与文艺演出院线建设。

近年来，随着我国演艺市场的不断发展和演艺企业的不断壮大，文艺演出院线迅速发展。目前，国内文艺演出院线建设力度不断加大，既有中演院线、保利院线等全国性院线，也有江苏演出院线、安徽演艺院线等一批区域性院线。但是，与演艺业发展速度相比，文艺演出院线建设还相对滞后，主要表现为：一是全国性演出院线还比较少。目前只有中演院线和保利院线两大院线，其他都是省际院线和省内院线。二是演出院线在二、三线城市的布局还不多。目前省内院线主要有江苏演出院线、安徽演艺院线两条。三是院线运营的方式还比较单一。目前，院线的运营方式主要是直营剧院和加盟剧院两种方式，尚待发展多样化的运营模式。四是院线自身建设有待于提高。一些院线虽然建立起来了，但实力还比较弱，人才、资金等核心要素还不到位，服务方式还比较粗放。

当前，要大力实施文艺演出院线建设工程。一是要打破地域界限、市场分割，降低演出流通成本，推动主要城市演出场所连锁经营，实现演艺产业规模化、集约化和专业化。二是要以大型演艺集团为龙头，以中心城市剧场为支点，以二三线城市剧场为网络，建设多家覆盖全国主要城市的全国性或跨区域的文艺演出院线。三是要加快全国文化票务网络建设，发展连锁经营、物流配送、电子商务等现代流通组织和流通形式，构建以大城市为中心、中小城市相配套、贯通城乡的文化产品流通网络。四是促进院线经营、文化旅游、票务销售、艺术品经营的信息化、数字化和标准化。

三、鼓励演艺产业聚集区建设

《意见》强调，鼓励具备条件的地区开展演艺产业集聚区建设，加快形成规模效应。

近年来，在政策扶持和市场主导作用下，国内演出市场的产业布局不断优化、趋于合理，最为显著的表现是演艺产业集聚区逐步形成。据不完全统计，目前全国规划和在建的演艺产业集聚区近10个，如北京的天桥演艺区、上海的现代戏剧谷、天津的盘龙谷等，演出市场规模逐步扩大，集聚效应逐步显现。

对演艺集聚区建设，相关部门要因势利导。一方面对演艺产业集聚区建设给予相关财税政策、金融政策扶持，通过税收优惠和财政补贴等扶持政策，为演艺产业集聚区建设保驾护航。另一方面对演艺产业集聚区建设加强管理，注意避免剧场群建设不问市场、不问需求，只管投入不管产出、只管建不管转等不良现象，努力保障大多数演出团体"租得起"、"演得起"，大多数观众能"看得起"。

表3 文艺演出院线建设主要政策

年份	文件名称	主要内容
2009	《文化产业振兴规划》	发展文艺演出线，推动主要城市演出场所连锁经营。支持全国文化票务网络建设。
2011	《中共中央关于深化文化体制改革推动社会主义文化大发展大繁荣若干重大问题的决定》	扶持文化企业以连锁方式加强基层和农村文化网点建设，推动电影院线、演出院线向市县延伸，支持演艺团体深入基层和农村演出。
2012	《国家"十二五"时期文化改革发展规划纲要》	扶持文化企业以连锁方式加强基层和农村文化网点建设，推动电影院线、演出院线向市县延伸，支持演艺团体深入基层和农村演出。
2012	《文化部"十二五"时期文化产业倍增计划》	发展文艺演出院线，支持建设、改造剧院等文化消费基础设施。提高基层文化消费水平，引导文化企业投资兴建更多适合群众需求的文化消费场所。

第三章

促进转制院团自我发展能力建设

第一节 促进转制院团自我发展能力建设的
重要意义

转制院团要在激烈的市场竞争中求生存、谋发展，关键在于提升自我发展能力。《意见》强调，要将管理重心转到促进转制院团自我发展能力建设上来，引导转制院团将体制优势转化为发展优势，不断增强自身实力和市场竞争力。

一、促进转制院团自我发展能力建设是转制院团做大做强的内在支撑

国有文艺院团转企改制后，既要肩负实现社会效益和经济效益双丰收的重要使命，又要承受转企改制的"阵痛"，其发展壮大离不开政府的有力扶持。但是从长远看，要做大

做强转制院团，增强转制院团发展内生动力更为关键。在社会主义市场经济条件下，政府的主要任务是为市场主体创造良好的发展环境，转制院团在市场竞争中能否脱颖而出，最终还得靠自身实力和市场竞争力说话。

二、促进转制院团自我发展能力建设是国有文艺院团改革发展的重要目标

受计划体制的影响，大部分国有文艺院团长期、单一依靠财政拨款运行，久而久之，形成了"等、靠、要"的惯性，逐渐弱化了自我发展的意识和动力。在社会主义市场经济条件下，增强内生动力是转制院团改革发展的生命线，是转制院团激发活力的驱动力，是转制院团作为市场主体的主观能动性和发展自觉性的集中体现。增强转制院团发展内生动力，包括：产品生产营销和企业经营管理两个层面。产品生产营销层面需要提升创新、营销、资本运作和知识产权经营能力。企业经营管理层面一是要实行市场化、企业化的经营者选用机制；二是要形成符合现代企业制度要求、体现文化企业特点的资产组织形式和经营管理模式。通过体制机制创新，增强转制院团发展的内生动力，激发转制院团市场活力，是国有文艺院团体制改革的重要目标。

三、促进转制院团自我发展能力建设是发挥国有演艺企业主导地位的重要途径

不管是事业性质还是企业性质，国有文艺院团都担负着弘扬社会主义先进文化的重要使命，都是演艺业的主力军和领头羊。随着演艺市场准入门槛逐步降低，境外文艺表演团体和个人来华演出逐步增多，民营文艺院团蓬勃发展，转制院团面临激烈的国际国内市场竞争，其主导地位受到严峻挑战。转制院团要在激烈的市场竞争中求生

存谋发展，必须增强发展内生动力，苦练"内功"，否则，市场空间就会逐步被挤压，甚至最终被边缘化。

第二节　规范国有文艺院团转企改制

一、规范转企改制的重要意义

《意见》强调，国有文艺院团转企改制要规范完成清产核资、企业工商注册登记、核销事业编制、注销事业单位法人、同职工签订劳动合同、按照企业办法参加社会保险等各项任务。转制院团要不断完善企业运营机制、加快公司制股份制改造，建立现代企业制度，完善法人治理结构，鼓励一步到位实行股份制。鼓励艺术名家和其他演职人员以个人持股的方式参与转制院团的股份制改造。

规范转企改制是国有文艺院团体制改革的基本要求，中央多次强调要全面规范经营性文化事业单位转企改制，确保改革"可核查、不可逆"。转制院团建立现代企业制度、完善法人治理结构、强化内部经营管理、形成面向市场的体制机制、成为合格的市场主体，前提是规范转企改制。只有规范转企改制，才能摆脱旧体制的束缚，发挥新体制的优势。目前，在一些地方，国有文艺院团规范转制的一些重要任务还没有全部完成，适应市场的企业运营机制还不健全。因此，要按照中央要求和各地实际，坚定不移地推进规范转企改制，防止改革"翻烧饼"，坚决做到真转真改。

二、转企改制主要工作任务

（一）完成清产核资

清产核资是国有文艺院团转企改制的必要环节。通过清产核资，可以全面掌握转制院团的资产情况，包括资产的种类、资产数量和账面价值，为明确各项资产的产权归属提供参考。转制院团要积极开展账务清理、资产清查、价值重估、损溢认定、资金核实和完善制度等工作，全面掌握自己的资产情况。同时进行资产评估，为转制和产权交易提供价值依据。根据《国有企业清产核资办法》（国资委令第1号）及其《清产核资工作问题解答》，参考中央各部门各单位出版社转制工作基本规程，院团转制清产核资工作流程主要包括以下方面：

（1）清产核资立项申请。在转制方案中列明清产核资立项申请所需内容，随转制方案一起报批。

（2）制定清产核资工作实施方案。清产核资工作实施方案主要包括以下内容：

① 清产核资的工作目标；

② 清产核资中介机构基本情况；

③ 清产核资工作组织方式；

④ 清产核资工作内容；

⑤ 清产核资工作步骤和时间安排；

⑥ 清产核资工作要求及工作纪律。

⑦ 需要说明的其他事项。

（3）组织账务清理、资产清查。制定清产核资工作实施方案后，即可开展清产核资工作。一般来说，在中介机构进驻转制院团前，应完成账务清理和资产清查工作。

（4）聘请中介机构开展清产核资专项财务审计。中介机构应在产权界定的基础上，清查核实转制院团国有资产，并根据核查的结果编制《资产负债表》和《资产移交清册》。通过清产核资，依法认定各项资产损溢，了解转制院团的资产价值和资本金情况。

（5）申报清产核资结果。清产核资结果需经国有产权持有单位审核认定，并经国有资产监督管理机构确认。

（二）完成工商注册

转制院团要根据相关规定，及时向工商管理部门提交院团转制方案、公司法定代表人签署的设立登记申请书、全体股东指定代表或者共同委托代理人的证明、公司章程、依法设立的验资机构出具的验资证明等材料，按照企业的办法进行工商注册。

按照我国《公司法》规定，企业法人公司以有限责任公司和股份有限公司为主要形式，有限责任公司股东以其出资额为限对公司承担责任；股份有限公司将其全部资本分为等额股份，股东以其所持股份为限对公司承担责任。公司以其全部资产对公司的债务承担责任。这两种形式也符合转制院团建立现代企业制度的要求。根据《公司法》的规定，院团转制为公司制企业需要向工商部门提交的材料主要包括：

（1）转制方案、由国有资产管理部门核准或备案的资产评估结果、取得审批机构同意转制的批复文件、职工（代表）大会确认转制文件的决议、编制部门核销事业编制的批复文件；

（2）公司法定代表人签署的设立登记申请书；

（3）全体股东指定代表或者共同委托代理人的证明；

（4）公司章程；

（5）依法设立的验资机构出具的验资证明，法律、行政法规另有规定的除外；

（6）国有产权登记证明；

（7）股东的主体资格证明或者自然人身份证明；

（8）载明公司董事、监事、经理的姓名、住所的文件以及有关委派、选举或者聘用的证明；

（9）公司法定代表人任职文件和身份证明；

（10）企业名称预先核准通知书；

（11）公司住所证明；

（12）工商行政管理局规定要求提交的其他文件。

国有文艺院团转制为非公司制的企业，按照国家对此类企业的相关规定进行工商登记注册。

（三）核销事业编制

转制院团要根据相关法律法规的规定，在转制方案中列明事业编制人员数，在转制方案批复后，由转制工作小组或上级主管部门致函同级编制管理部门，申请核销事业编制，编制管理部门审核后应给予核销事业编制的批复。主要工作流程如下：

（1）申请。转制院团应该根据相关法律法规的规定，在转制方案中列明事业编制人员数，在转制方案批复后，由转制工作小组或上级主管部门致函编制管理部门，申请核销事业编制。

（2）审批。编制管理部门审核后应给予核销事业编制的批复。

（3）办理核销手续。对经中央或地方编办核定过独立机构编制的转制院团，转制方案批准之后，转制院团可以持批复文件及所需要的其他文件材料，按照当地编制部门的工作程序，办理该单位核销事业编制手续。

未经编制部门独立核定，使用其他事业单位编制且未经编制部门同意，由主管部门核准单位实际在编人员数，正式致函编制部门申请办理核销编制手续。编制部门按照该单位实际使用的编制数予以核销，并相应核减其上级或其他事业单位的编制。

（四）注销事业法人

根据《事业单位登记管理暂行条例》（2004修订）（国务院令第411号）、《关于批转<事业单位登记管理暂行条例实施细则>的通知》（中央编办发[2005]15号）等法规规定，及时向当地事业单位登记机关提交事业单位法人注销登记申请书、转制方案批复文件、编制管理部门核销事业编制的批复文件、财政部门批准或审核备案的清产核资报告和《事业单位法人证书》正、副本及单位印章，办理事业单位法人注销登记。

（五）同职工签订劳动合同

自工商登记之日起，转制院团要按照《中华人民共和国劳动法》、《中华人民共和国劳动合同法》等法律，与在职职工签订书面劳动合同，实行企业用工制度和收入分配制度，建立正规的劳动关系。

（六）按照企业办法参加社会保险

国办发[2014]15号文强调，转制后自工商注册登记的次月起按企业办法参加社会保险。转制时在职人员按国家规定计算的连续工龄，视同缴费年限，不再补缴基本养老保险费。

转制前已经离退休的人员，原国家规定的离退休费待遇标准不变，转制后这类人员离退休待遇支付和调整的具体办法，按原劳动和社会保障部、原国家经济贸易委员会、科技部、财政部《关于国家经贸委管理的10个国家局所属科研机构转制后有关养老保险问题的通知》（劳社部发〔2000〕2号）和原劳动和社会保障部、原人事部、财政部、科技部、原建设部《关于转制科研机构和工程勘察设计单位转制前离退休人员待遇调整等问题的通知》（劳社部发〔2002〕5号）相关政策执行。

转制前参加工作、转制后退休的人员，基本养老金的计发和调整，按企业办法执行。在转制后5年过渡期内，按企业办法计发的基本养老金，如低于按原事业单位退休办法计发的退休金，其差额部分采取加发补贴的办法解决，所需费用从基本养老保险基金中支付，具体办法按劳社部发〔2000〕2号文件的相关规定执行。各地在做好社会保障政策衔接的同时，应结合本地实际，采取切实可行的措施，解决好企业与事业单位退休待遇差问题。

离休人员的医疗保障继续执行现行办法，也可按照所在统筹地区相关规定纳入离休人员医药费单独统筹，所需资金按原渠道解决；转制前已退休人员中，原享受公费医疗的，在享受基本医疗保险待遇的基础上，可以参照国家公务员医疗补助办法，实行医疗补助。

转制后具备条件的企业可按照有关规定为职工建立企业年金和补充医疗保险，并通过企业年金等方式妥善解决转制后退休人员的养老待遇问题。企业根据国家有关政策规定，为在本企业任职或者受雇的全体员工支付的补充养老保险费、补充医疗保险费，分别在不超过职工工资总额5%标准内的部分，在计算应纳税所得额时准予扣除；超过的部分，不予扣除。

三、深化体制机制创新

《意见》强调，转制院团要不断完善企业运营机制，加快公司制股份制改造，建立现代企业制度、完善法人治理结构，鼓励一步到位实行股份制。鼓励艺术名家和其他演职人员以个人持股的方式参与转制院团的股份制改造。

（一）加快公司制股份制改造

国有文艺院团转企改制，一般情况下应按《公司法》规定设立规范的公司制企业，特殊情况下可设立其他形式企业。对于转制院团来说，股份有限公司是一个好的选择。实行股份制，既能推动投资主体多元化、拓宽转制院团的资金来源渠道，又能促进艺术生产更加适应市场的需要，创作生产更多适销对路的演艺产品。因此，《意见》针对许多院团尚不是股份有限公司的现状，提出要加快公司制股份制改造，鼓励一步到位实行股份制。

（二）完善法人治理结构

首先，转制院团要根据现代企业制度要求，建立并完善由股东会（公司的权力机构）、董事会（决策机构）、经理层（执行机构）、监事会（监督机构）组成的权力运行和制衡机制，建立健全董事会科学决策和纠错机制，切实保证经理行使法定的权力，切实保障监事会拥有独立的监督权、切实保障广大职工参与企业民主管理和监督的合法权利。其次，转制院团要深化企业内部人事管理制度改革，建立并完善薪酬制度、招聘制度、绩效考核制度，加强人力资源配置与管理，形成激励机制。最后，转制院团要建立和完善投资管理、预算管理、财务管理等资产管理制度，提高相关部门和人员依法履行岗位职责的水平和能力，形成良好的企业管理体制，为公司规范有序发展打好基础。

【延伸阅读】

中国木偶艺术剧院股份有限公司完善企业运行机制

中国木偶艺术剧院股份有限公司的前身是1955年成立的中国木偶艺术剧团和1995年建成的中国木偶剧院，2006年完成转企改制。2006年至2013年，实现经营总收入26 900万元，净利润7713万元。创作演出了20余部大型木偶剧和60余部童话木偶剧，其作品质量优秀，社会反映良好，先后获得"五个一工程奖"、"电影华表奖"、"首届全国戏剧文化奖"6项大奖。

一是引入民营资本加快股份制改造。2006年经北京市文化局批准中国木偶剧团重组转企改制，由北京长城会计师事务所和北京市京港置业会计师事务所对原剧团、剧院进行了审计和资产评估，评估后的净资产由北京市财政局出函批复处置：将原剧团、剧院评估后的净资产划拨北京市文化设施运营管理中心，并由其作为国有出资人与北京永庄文化传媒有限公司共同出资组建新中国木偶艺术剧院有限责任公司。新公司由国有股东以评估后土地和房产出资占注册资本的49%和民营股东以货币出资占注册资本的51%组成，注册资本金5700万元，是中国第一家民营企业参股并控股的文化企业。2009年12月公司原股东北京市文化设施运营管理中心将持有49%的股权全部转让给北京演艺集团有限责任公司。为推动投资主体多元化，加快上市筹资步伐，2012年6月决定成立中国木偶艺术剧院股份有限公司。

二是建立企业法人治理结构。公司实行企业法人治理结构，公司最高权力机构为股东会，公司董事会对股东会负责，总经理负责公司的经营对董事会负责。公司实施企业化管理，原事业体制的人员置换身份，与公司签订劳动合同。公司需要的人才实行招聘制，试用考核后合格者录用并签订劳动合同。

三是完善企业管理规章制度。在经营管理中不断完善各项规章制度，制定《员工手册》、《制度汇编》，在股份制改造后修订《员工手册》，建立健全了体系化的企业管理规章制度。法人治理结构制度有董事会议事规则、监事会议事规则、总经理工作细则等，人事管理制度有薪酬制度、招聘制度、绩效考核制度等，资产管理制度有投资管理规定、预算管理规定、财务管理制度等，已经形成良好的企业运作机制。

（资料来源：中国木偶艺术剧院股份有限公司）

（三）鼓励个人持股参与股份制改造

在国有文艺院团转企改制过程中，艺术名家和其他演职人员以个人持股的方式参与院团改革，既有利于发挥艺术名家和演职人员的积极作用，又有利于调动广大演职员工参与改革的主动性，是推进转制院团深化改革加快发展的重要举措。因此，《意见》提出，鼓励艺术名家和其他演职人员以个人持股的方式参与转制院团的股份制改造。

在具体实践中，艺术名家和其他演职人员以个人持股的方式参与转制院团的股份制改造还是个新课题。但是，对其他领域来说，职工入股持股已经有明确的政策。近年来，我国就职工入股持股问题先后发布系列政策文件，对职工入股持股的注意事项、操作程序作出详细规定。其中，《关于规范国有企业职工持股、投资的意见》（国资发改革[2008]139号）是迄今为止最为权威、最为全面的政策文件，可为转制院团职工入股提供参考。结合转制院团实际，在涉及职工入股时要注意以下几点。

1. 关于职工持股企业范围

经相关机构批准，职工可投资持有院团转制后新企业的股权，但不得直接或间接持有本企业所出资各级子企业、参股企业的股权。

2. 关于职工持股资金来源

国资发改革[2008]139号文规定，国有企业不得为职工投资持股提供借款或垫付款项，不得以国有产权或资产作标的物为职工融资提供保证、抵押、质押、贴现等；不得要求与本企业有业务往来的其他企业为职工投资提供借款或帮助融资。这些要求对于转制院团职工持股同样是适用的。

3. 关于职工持股形式

国资发改革[2008]139号文规定，可依据《公司法》等有关法律法规的规定，通过向特定对象募集资金的方式设立股份公司引入职工持股，也可探索职工持股的其他规范形式。

4. 关于股权流转

国资发改革[2008]139号文规定，在制定公司章程时，须对职工所持股权的流转程序和价格确定方式等作出规定。这有利于解决当前有些单位职工持股后股权难以变现的问题。

5. 关于管理层持股

转制院团涉及管理层持股时，除应遵守上述规定外，还应符合

《关于印发<企业国有产权向管理层转让暂行规定>的通知》（国资发产权[2005] 78号）的相关规定。该通知规定，管理层不得参与国有产权转让方案的制订以及与此相关的清产核资、财务审计、资产评估、底价确定、中介机构委托等重大事项；管理层应当与其他拟受让方平等竞买，产权转让公告中的受让条件不得含有为管理层设定的排他性条款，以及其他有利于管理层的安排；企业国有产权持有单位不得以各种名义压低国有产权转让价格。

6. 关于严控关联交易

关联企业指与本国有企业有关联关系或业务关联且无国有股份的企业。国资发改革[2008]139号文规定，严格限制职工投资关联关系企业；禁止职工投资为本企业提供燃料、原材料、辅料、设备及配件和提供设计、施工、维修、产品销售、中介服务或与本企业有其他业务关联的企业。

第三节 增强转制院团发展内生动力

一、提升演艺产品营销能力

在日趋激烈的市场竞争中，转制院团不仅要提高演艺产品创作生产能力，做到以内容创意取胜，还要提高演艺产品营销能力，通过创新营销手段和营销方式，把好的产品推销出去，方能取得更大的社会效益和经济效益。为此，《意见》强调转制院团要提升演艺产品营销能力。

营销是计划和执行关于商品、服务和创意的观念、定价、促销和分销，以创造符合个人和组织目标的交换的过程，成功的营销战略是转制院团实现效益目标的关键。提升演艺产品营销能力，转制院团需要做好以下四个方面工作：第一，了解演艺市场需求。要对演艺产品的潜在市场、可能存在的销售规模以及同类产品的竞争程度等作出准确分析，依此来确定演艺生产战略，避免主观臆断、盲目生产，做到有的放矢、减少决策失误。第二，把握消费者心理。要对目标群体的消费观念、消费能力及其消费的原因、时间、目的等作出准确分析，增强演艺生产和营销的针对性和实效性。第三，突出演艺产品的竞争优势。要注重演艺产品的内容创意和艺术形式的创新，形成品牌优势，同时要了解、研究同类竞争性产品的特点，以便在演艺产品营销过程中做到知己知彼。第四，选择适宜的营销方式和营销平台。要针对剧（节）目特色、目标群体特点，充分利用现代传播媒介和营销手段，形成适宜转制院团业务发展的营销方式和营销平台。如北京市曲剧团转企改制后在市场营销上狠下功夫，通过开展贴近营销、创新服务方式、降低消费门槛等多种方式开拓商演市场，取得显著成效。

【延伸阅读】

北京市曲剧团开拓商演市场取得显著成效

北京市曲剧团转制为企业后，深化改革、强化管理，努力建立符合现代企业制度要求的经营管理模式，狠下功夫开拓商演市场，取得显著成效。2013年，全团实现演出收入1281万元，其中商业性演出收入967万元，较上年增长127%，商业性演出收入占当年演出收入的比重为75.5%，增幅达19%。

北京市曲剧团抓市场营销的主要做法有：一是开展贴近营销。营销人员走进超市、公园、社区，通过讲解北京曲剧知识、发送剧目介绍、提供服务承诺等方式，激发潜在观众的观剧需求。

在此基础上，北京市曲剧团建立了官方微信，创设免费欣赏剧目、与演员深度互动等在线平台，努力增强自身粘牢观众的能力。二是创新服务方式。北京市曲剧团建立了观众会员制，建成面向3000余名会员的信息网络，根据会员需求，及时开展各种"在线""在场"活动。此外，对会员普遍实行上门送票、电话预约售票、"支付宝"售票等便利措施，努力降低观众购票时间成本。三是降低消费门槛。开展了"工薪阶层走进艺术殿堂"的活动，用最低折扣可达3折的优惠价，吸引广大工薪阶层走进剧场。随后，又开展了免费吸收自费购票观众入会活动，进一步扩大会员制观众的规模，大幅度提高工薪阶层占观众总数的比例。四是拓展巡演市场。曲剧团着眼推动北京曲剧走向全国，在北京市文化局的全力支持下，与中国国际演出剧院联盟合作，签订了《骆驼祥子》全国百场巡演协议，2013年完成了第一阶段的20场巡演任务，2014年将继续完成第二阶段的80场演出。

（资料来源：北京市文化局）

二、提高资本运作能力

国有文艺院团转企改制后，不管是吸收社会资金投资入股、引进经营管理人才，还是整合优质资源、开拓国内国外市场，都需要有强大的资金实力做后盾。因此，《意见》提出，转制院团要提高资本运作能力。

转制院团要在政府引导下，通过银企合作、贷款贴息、融资担保等多种方式，运用私募融资、国内IPO（首次公开发行股票）、打包贷款和版权质押等金融工具，提高综合利用资本市场融资渠道能力，逐步实现多元化发展。

三、增强知识产权经营能力

知识产权是文化企业核心竞争力的重要因素，是现代文化产业的基石。在当代社会，谁的知识产权经营能力强，谁就能获得更多的发展机会。相关部门要建立健全演艺知识产权的保护制度，保护表演者的著作权、表演作品的录音录像复制权、演艺单位的商标权。转制院团要对自己单位的知识产权进行细致梳理、建立档案，增强演艺知识产权维权意识。要加快推动文化产业知识产权评估与交易，加强著作权、专利权、商标权等文化类无形资产的评估、登记、托管、流转服务，推动演艺知识产权的产业化经营，提高知识产权利用率。

四、实行市场化、企业化的经营者选用机制

实行市场化、企业化的经营者选用机制，是转制院团强化内部运行机制和经营管理创新的关键所在。转制院团持续、健康、快速发展，关键在人才。目前转制院团普遍面临人才危机，特别是缺乏经营管理人才，必须转变观念，学会用市场化机制选人、用人。

一是要转变观念，根据企业发展需求选人、用人。历史上，京剧的"四大名角"都是从市场上拼出来的，而不是事业体制养出来的。因此，不能靠传统的给事业编、给职称，而是要靠提供事业发展平台来选拔人才、使用人才、留住人才。转制院团要根据市场化、企业化演艺产品生产经营机制的实际需求，大胆引进一些既有管理经验又懂演艺行业的人才，作为职业经理人来管理企业。

二是要实行差别对待的收入分配激励机制，激发经营管理效率和活力。打破大锅饭，推行岗位工资和绩效工资制度，建立与岗位职责、工作业绩、个人贡献、企业效益密切挂钩的分配激励机制，参照劳动力市场价位合理拉开差距。发展得好的转制院团，管理层应该拿高薪。对主要人才和管理者可实行年薪制、股票期权等激励政策，对

业绩突出、贡献重大的经营管理人员可给予优厚的报酬。

第四节 着力培育骨干演艺企业

一、培育骨干演艺企业的重要意义

要推动演艺行业又好又快发展、提升演艺产业水平，必须培育大量优秀的、有实力的骨干演艺企业，让它们成为引领演艺产业发展的中坚力量，成为能够与国际同行竞争的主力军，成为整合资源、带领中小企业发展的领头羊。

第一，培育骨干演艺企业是深化演艺行业结构调整的迫切需要。调整结构是促进转制院团自我发展能力建设的重要途径。骨干企业对演艺产业发展水平及走向起着关键性、决定性作用。当前，我国文化消费需求进入快速增长期，演艺产品和服务的供给总量不足、供给能力偏弱。与此同时，文化产业已进入与科技、金融及其他产业深度融合的新阶段，演艺行业要集成应用新技术、提高融资能力、提升与其他产业结合发展的关联度，做大规模、做强实力，就必须集中力量发展一批骨干演艺企业。把转企改制与行业结构调整紧密结合，重点培育一批具有较强竞争力的骨干演艺企业，对深化演艺行业结构调整、形成骨干演艺企业集约化发展、中小演艺企业特色发展的分工协作体系，形成演艺市场有进有退、优胜劣汰的竞争机制具有重要意义。

第二，培育骨干演艺企业是优化演艺资源优化配置的迫切需要。发挥市场配置演艺资源作用是促进转制院团自我发展能力建设的内在驱动力。受计划体制和按行政层次设置文艺院团的束缚和制约，演艺资源配置大多由政府主导，造成演艺资源散、弱、小等弊端。把转企改制与兼并重组紧密结合，推动改革到位的转制院团通过市场力量盘活存量资源、开拓增量资源，对推动演艺资源向优质企业集中，发展壮大演艺市场主体具有重要意义。

第三，培育骨干演艺企业是提升演艺产业竞争力的迫切需要。提升演艺企业市场竞争力是促进转制院团自我发展能力的重要引擎。目前活跃于国际文化市场的演艺企业实力雄厚、竞争力强。无论是纽约的百老汇，还是伦敦西区，其演艺业繁荣发展离不开一批骨干演艺企业长期在此经营运作。由于演艺产品具有个性化强的特征，中小演艺企业始终具有不可替代的特色发展优势和较大的生存空间，但是，我国演艺产业发展的规模、方向及整体实力，最终取决于骨干演艺企业。无论是满足国内需求、激活国内演艺市场，还是参与国际竞争、维护国家文化安全，目前都急需培育一批骨干演艺企业。

二、推动演艺资源向优质企业集中

《意见》强调，把转企改制与兼并重组结合起来，推动演艺资源向优质企业集中。

国有文艺院团转企改制，同时是一个优化配置演艺资源的过程。演艺资源既包括演艺产品、设备、资金、人力资源等有形资源，又包括知识产权、品牌等无形资源。促进转制院团做优做强，要把转企改制与发挥市场配置演艺资源作用紧密结合，促进演艺资源合理流动，推动演艺资源向优质企业集中。一是要积极推动转制院团针对企业产权关系和债务、资产、管理结构展开改组、整顿与整合，从整体上和战略上改善转制院团经营管理状况，强化其市场竞争力，推进企业创新。二是积极推动规范转制后的文艺院团，严格按照相关法律法规，以演艺市场需求为基础，以资本为纽带，以演艺资源优化配置为核心，通过企业兼并，通过产权有偿转让方式整合演艺资源，大力开发原创性演艺产品，逐步打造自己的演艺品牌，生产叫得响、传得开、留得住的演艺产品，提高转制院团核心竞争力。

要加强对转制院团兼并重组的引导。第一，科学制定方案，加强风险防控。相关部门要引导转制院团根据自身发展战略，按照相关政策要求，本着有利于整合资源、优势互补、发挥协同效应的原则，确定兼并重组目标。结合宏观经济状况和行业、企业情况，做好尽职调查，认真调研论证，科学制定兼并重组方案。要高度重视兼并重组面临的市场风险及其他问题，制定妥善的应对预案和防范措施。第二，加强兼并后重组、重组后整合。在兼并或重组后，转制院团要高度重视演艺要素资源的整合、开发和利用，加强演艺人才、演艺资源和管理制度的有机融合。第三，营造良好环境，做好管理、服务。有关部门要充分尊重转制院团意愿，引导和激励转制院团自愿自主开展兼并或重组。要加强指导服务，研究制定推动本地区转制院团兼并重组实施意见，建立促进转制院团兼并重组的公共服务平台。要着重抓企业与企业的整合，而不是事业单位之间的捏合，不能将整合替代转制。同时督促转制院团严格执行兼并重组的有关法律法规，规范操作程序，加强信息披露，防控内幕交易，防范道德风险。

三、推动转制院团跨地区、跨行业、跨所有制发展

跨地区、跨行业、跨所有制发展有利于延伸和完善产业链，有利于壮大国有演艺企业实力，是培育演艺骨干企业和战略投资者的必然选择。推动转制院团跨地区、跨行业、跨所有制发展，一是要做好政策引导工作。认真清理、修订、废止各种不利于转制院团跨地区发展的政策、规定和做法，坚决取消各地自行出台的限制外地企业对本地区企业实施兼并重组的规定。积极探索跨地区兼

并重组的利益共享机制。在不违背国家有关政策规定的前提下，地区间可根据转制院团资产规模和盈利能力，签订财税利益分成协议，妥善解决兼并重组企业增加值等统计数据的归属问题，实现发展成果共享。二是推动演艺企业与其他行业融合发展。深化演艺业发展方式转变，努力推动演艺与金融、科技、旅游等深度融合，完善和拓展演艺产业链，丰富演艺产品和服务的内涵，着力提升我国演艺业发展的质量和效益。三是鼓励和支持社会资本依法以投资、控股、参股、并购、重组、项目合作等多种方式，积极参与转制院团改革发展。

四、鼓励开展多种形式的联合

开展多种形式的联合，是实现优势互补、推动企业做大做强的重要举措。为着力培养骨干演艺企业，《意见》强调，鼓励转制院团通过股权投资、资源互补等，开展多种形式的联合。目前，要做好以下工作。

一是推动演艺企业股权投资。股权投资是指企业（或者个人）通过投资取得投资单位股权的行为。对投资方来说，实行股权投资不仅可能获得丰厚的经济利益，还能通过所持股份参与投资决策。对被投资方来说，则可以通过股权投资分散经营风险。

二是推动演艺品牌等无形资产入股。无形资产投资入股是指投资人以拥有的专利权、非专利技术、商标权等入股的一种投资行为。具体到转制院团的无形资产，可根据自身情况进行认定。除了知识产权尤其是著作权之外，可能还涉及院团的知名度、美誉度，所涉标志的品牌价值等。骨干演艺企业要挖掘精品剧目版权、演艺品牌等无形资产的经济价值，以投资入股的形式加强与其他企业合作。需要指出的是，无形资产投资入股应按双方同意接受的数额确定无形资产的价值，还应有必要的规范性文件作为处理依据。

三是推动演艺企业资源互补。资源互补是指合作企业对不同来源、不同层次、不同结构、不同内容的资源进行识别与选择、汲取与配置、激活和有机融合的动态过程。骨干演艺企业要通过建立演艺联盟等形式加强联系、互通信息、资源共享、密切合作，实现共赢。

【延伸阅读】

山东建立演艺产业发展综合服务平台

2013年3月8日，山东演艺集团联合山东省188家艺术表演团体、演出场馆、演出中介机构共同成立山东演艺联盟，致力于打造集演出团体、票务系统、剧场院线三位一体，覆盖演艺全产业链，资源与市场高效对接的大型演艺产业发展综合服务平台。

一是整合全演艺产业链资源，逐步形成核心业务、延伸业务和服务业务支持发展格局。核心业务包括山东剧场院线、联盟票务电子票务网络、山东文化创意版权信息平台。目前，山东剧场院线已拥有成员单位35家，涵盖山东省13个地市，总坐席数超过30 460个，占到山东省演出场馆总坐席数的40.2%。联盟票务电子票务已在济南、东营、泰安、临沂、烟台5个市设立二级票务服务网点，与济宁、滨州、淄博等7个市达成合作意向。山东文化创意版权信息平台，旨在促进演艺版权产品和要素在全国范围内合理流动和配置。延伸业务为山东演艺产业孵化器、山东演艺联盟艺术教育中心。与省委宣传部、财政厅、文化厅、山东演艺集团共同打造的山东演艺产业孵化器，是培育演艺产业新业态、转化国内外先进演艺经营模式的服务平台。艺术教育中心则整合联盟内外部资源，着力打造山东艺术教育的旗舰品牌，解决当前演艺培训行业培训主体规模小、管理不规范、培训质量参差不齐的问题。服务支持业务包括山东省演艺产业发展研究中心、《人文天下》杂志等。

二是逐步确立了"政产学研"相结合的发展模式。"政"，山东演艺联盟积极担当好政府与成员单位的中间组织，将实践经验转化为政府决策参考素材，为基层实践提供政策分析与业务支持；"产"，山东演艺联盟积极参与和推动山东本土演艺产业发展，通过票务系统、艺术教育、剧场院线等抓手参与市场经营；"学"，山东演艺联盟与国内外高校和科研机构建立深度合作关系，共同培养各类演艺专业人才，并积极推动演艺产业博士后科研工作站的建设；"研"，山东演艺联盟以山东省演艺产业发展研究中心为支撑，通过课题的形式整合国内外学术资源，对山东省乃至全国演艺产业发展作及时、深入、系统的研究。

（资料来源：根据山东演艺联盟提供资料整理）

五、打造一批骨干演艺企业

《意见》指出，确定部分改革到位、成长性好的大型转制院团作为国有演艺企业深化改革加快发展试点单位，加强指导，重点培育，打造一批具有较强竞争力的骨干演艺企业。试点演艺企业应在以下方面发挥示范作用。

一是在股份制改造方面的示范作用。首先，要在规范转制基础上，发挥有实力的转制院团的龙头带动作用，通过股份制改造，实现资源整合、资本整合、市场整合，拉长产业链、提高产品附加值。其次，要通过更大范围内的兼并重组和股份制改造，迅速实现低成本扩张。再次，要引入真正意义上的战略合作者，在引入资金的同时，引入先进的发展理念和管理机制，实现双赢或多赢。

二是在内部经营管理机制创新方面的示范作用。首先，要推动演艺企业转换经营机制，完善公司治理结构，建立现代企业制度。其次，要围绕建立现代企业制度的目标和要求，转变思想观念、经营方式和管理手段。具体说来，就是要结合现代企业制度和骨干企业自身特点，提出优化管理水平的具体方案，实现内部管理的规范化和制度化。

三是在全面提高市场竞争力方面的示范作用。首先，要实行差异化竞争战略。骨干演艺企业应结合自身实际，整合优质演艺资源，创作生产具有本公司特色的产品。其次，要实施精品项目战略，建立精品项目库，对精品项目进行重点管理。再次，要实施品牌战略。相关部门要鼓励骨干演艺企业打造体现民族精神和具有市场影响力的演艺品牌。骨干演艺企业应提出品牌发展的具体方案，完善品牌管理策略。

六、推动演艺企业上市融资

投资风险高、筹集资金难是影响演艺业发展的一个主要瓶颈。演艺企业要得到跨越式的发展，需要良好的融资环境、适宜的信贷产品、相应的融资能力和融资工具。其中，上市融资是演艺企业资金筹措的重要途径。要出台相关政策，按照上市公司的条件和要求，扶持、推动一批骨干演艺企业上市融资。准备上市的骨干演艺企业，要按照上市资格和条件，规范公司治理结构，依法建立健全股东大会、董事会、监事会及审计委员会等参与公司治理的机制，提高相关机构和人员依法履行职责的水平和能力，规范会计基础工作，严格资金管理。相关部门要着重对骨干演艺企业进行评估，对具备上市资格、符合上市条件的骨干演艺企业进行重点辅导，对条件成熟的积极支持推动其上市融资。

第五节 扶持中小转制院团健康发展

一、扶持中小转制院团健康发展的重要意义

《意见》强调，支持中小转制院团走专、精、特发展道路，尽快形成一批特色演艺企业。各级政府出资设立的中小企业融资担保平台，要积极为包括转制院团在内的中小演艺企业融资提供担保。鼓励金融机构在风险可控的情况下，依照市场化原则通过发放小企业贷款、权利质押贷款等方式，支持中小转制院团发展。之所以提出这些举措，是因为

第一，中小转制院团是我国演艺业的重要力量。从演艺发展规律来看，由于演艺产品生产具有原创性、个性化等特征，无论文化产业发展到何种程度，"专、精、特、新"的中小演艺企业仍具有不可替代的发展优势，有较大的生存空间。从作用上看，中小转制院团是繁荣基层文化市场、满足基层百姓演艺观赏需求的主力军。

第二，中小转制院团生存发展面临严峻挑战。虽然中小转制院团数量多、作用大，但是底子薄、规模小、自我发展能力弱。据统计，大多数中小转制院团注册资本不超过百万元，大部分中小转制院团的经费自给率不及四成，发展面临许多问题，离不开政府的"援手"。要解决中小转制院团生存发展问题，政府必须加大对中小转制院团的扶持力度。

二、支持中小转制院团走专、精、特发展道路

与骨干演艺企业相比，中小转制院团不管是在资金上，还是在人才上，都有不小差距。因此，中小转制院团必须根据自身特点，走"专、精、特"发展道路。

一是走专业化道路。专业化道路是中小转制院团发展的必由之

路。中小转制院团要立足自己的优势，专注一个行业、专做几个产品、专门服务一类客户、专心开拓一些地区，形成自己的核心竞争力。比如，基层的中小转制院团可以专心开拓农村市场，而大城市的中小专业院团可以专心做小剧场演出。

二是走精细化路线。首先，要集中力量打造精品剧目。只有精品，才能赢得市场、赢得观众。中小转制院团要根据自身规模小、资金少的特点，积极打造既叫座又叫好的小投资剧目。其次，要实施精细化管理。转制院团要制定精简高效的管理制度，形成精益求精的工作作风，不断提高经营管理水平。

三是形成特色化品牌。只有形成自己的特色化品牌，才能在市场竞争中立于不败之地。中小转制院团要将本地区的民族文化、地域文化与演艺结合，抢占特色演艺市场，塑造特色演艺品牌。

三、搭建中小演艺企业融资平台

由于大部分中小转制院团底子薄、包袱重、自我发展能力弱，加之演艺产品生产周期长、市场前景不确定，使得中小转制院团在融资上面临困难：一方面中小转制院团缺乏自有资金，难以依靠自身积累内源融资；另一方面，金融机构出于防范金融风险的考虑，对中小转制院团贷款的审批更加谨慎，中小转制院团利用金融机构融资比较困难。要解决中小转制院团融资难的问题，既需要中小转制院团自身提高信用度，更需要政府提供政策支持。

一是设立融资担保平台，积极为中小转制院团提供担保。建立完善多层次、多领域、差别化的融资性担保体系，促进银行业金融机构与融资性担保机构加强规范合作，为中小转制院团融资提供增信服务。支持银行业金融机构加强与融资性担保公司的合作，扩大对中小转制院团的担保贷款规模，为中小转制院团开辟贷款担保"绿色通道"。

　　二是鼓励金融机构为中小转制院团融资提供支持。引导金融机构对中小转制院团优先给予信贷支持。鼓励金融机构创新中小转制院团信贷产品，综合运用统贷平台、集合授信等方式，加大对中小转制院团的融资支持。支持金融机构针对演艺企业或演艺项目的资金流特点和风险特征，建立和完善信用评级机制，实施差别化定价，合理确定贷款期限和还贷方式。支持具备高成长性的中小演艺企业通过发行集合债券、区域集优债券、行业集优债券、中小企业私募债等拓宽融资渠道。

表4 鼓励金融机构支持演艺业发展重要政策

年份	文件名称	主要内容
2010	《关于金融支持文化产业振兴和发展繁荣的指导意见》（银发[2010]94号）	推动多元化、多层次的信贷产品开发和创新。对于处于成熟期、经营模式稳定、经济效益较好的文化企业，要优先给予信贷支持。对于具有稳定物流和现金流的企业，可发放应收账款质押、仓单质押贷款。建立文化企业无形资产评估体系，为金融机构处置文化类无形资产提供保障。 　　积极探索适合文化产业项目的多种贷款模式。对于融资规模较大、项目较多的文化企业，鼓励商业银行以银团贷款等方式提供金融支持。探索和完善银团贷款的风险分担机制，加强金融机构之间的合作，有效降低单个金融机构的信贷风险。对处于产业集群或产业链中的中小文化企业，鼓励商业银行探索联保联贷等方式提供金融支持。
2011	《中共中央关于深化文化体制改革 推动社会主义文化大发展大繁荣若干重大问题的决定》	加大财政、税收、金融、用地等方面对文化产业的政策扶持力度。
2012	《文化部"十二五"时期文化产业倍增计划》	鼓励银行类金融机构积极开发适合文化产业的信贷产品，巩固和深化部行合作机制，加大文化产业信贷投放。鼓励非银行类金融机构综合利用多种金融业务和金融产品与文化企业对接。

续表

2014	《关于深入推进文化金融合作的意见》（文产发[2014]14号）	支持发展文化类小额贷款公司，充分发挥小额贷款公司在经营决策和内部管理方面的优势，探索支持小微文化企业发展和文化创意人才创业的金融服务新模式。 在有效控制风险的前提下，逐步扩大融资租赁贷款、应收账款质押融资、产业链融资、股权质押贷款等适合文化企业特点的信贷创新产品的规模，探索开展无形资产抵质押贷款业务，拓宽文化企业贷款抵质押物的范围。 综合运用统贷平台、集合授信等方式，加大对小微文化企业的融资支持。 支持具备高成长性的中小文化企业通过发行集合债券、区域集优债券、行业集优债券、中小企业私募债等拓宽融资渠道。 推动互联网金融业务与文化产业融合发展，鼓励电子商务平台类机构发挥技术、信息、资金优势为文化创业创意人才、小微文化企业提供特色金融服务。

第四章

加强转制院团改革发展支撑体系建设

第一节　完善工商登记注册服务

一、认真落实转制院团工商登记注册相关要求

《意见》提出，工商行政管理部门要为转制院团开展工商注册、资本投资、股权转让等提供咨询指导，方便企业顺利开展经营活动、积极参与市场竞争。允许转制院团使用原事业单位名称（去掉原主管部门）或者符合企业名称登记规定的其他名称进行登记注册。

完善工商登记服务，放宽转制院团登记条件、简化登记程序，将有助于优化其营商环境、激发其市场活力、增强其发展内生动力，更好地促进转制院团平稳健康发展。转制院团应按照国家相关法律法规规定办理企业工商注册登记，并领取企业法人营业执照。注册企业的类型不同，企业工商注

册登记的条件及提交的材料也有所不同，转制院团可以根据文化体制改革的相关政策要求和企业注册登记管理规定，结合院团实际确定注册登记的企业类型。

二、积极探索完善转制院团工商登记服务

2013年2月，党的十八届二中全会提出改革工商登记制度，十二届全国人大一次会议审议批准《国务院机构改革和职能转变方案》，将改革工商登记制度作为国务院机构职能转变的一项重要内容。按照《国务院机构改革和职能转变方案》的要求，工商登记制度改革主要涉及三方面内容：一是将"先证后照"改为"先照后证"，对按照法律、行政法规和国务院决定需要取得前置许可的事项，除涉及国家安全、公民生命财产安全等外，不再实行先主管部门审批、再工商登记的制度，市场主体向工商部门申请登记，取得营业执照后即可从事一般生产经营活动；对从事需要许可的生产经营活动，持营业执照和有关材料向主管部门申请许可。二是推进注册资本曰实缴登记制改为认缴登记制，降低开办公司成本。在抓紧完善相关法律法规的基础上，实行由公司股东（发起人）自主约定认缴出资额、出资方式、出资期限等，并对缴纳出资情况真实性、合法性负责的制度。三是放宽工商登记其他条件，主要包括：①放宽注册资本登记条件。公司实收资本不再作为工商登记事项；②将企业年检制度改为年度报告制度，任何单位和个人均可查询，使企业相关信息透明化；③按照方便注册和规范有序的原则，放宽市场主体住所（经营场所）登记条件，由地方政府具体规定；④大力推进企业诚信制度建设。

各地工商行政管理部门应按照国务院工商登记制度改革总体要求，结合实际，积极探索工商登记改革，大力完善转制院团工商登记服务。同时，工商管理部门还可根据转制院团发展的实际需要，为转制院

团顺利开展经营活动、积极参与市场竞争提供必要的信息服务。另外，还可以通过编制投资项目目录指南等方式，为转制院团提供资本投资、股权转让等咨询指导。

表5 涉及转制院团工商登记注册重要政策一览表

年份	文件名称	主要内容
2011	《关于加快国有文艺院团体制改革的通知》（文政法发[2011]22号）	工商登记注册时货币出资达不到标准的，财政部门或国有文化资产管理机构应予补足。
2011	《关于认真学习贯彻党的十七届六中全会精神积极促进社会主义文化大发展大繁荣的意见》（工商办字[2011]240号）	积极服务经营性文化单位改革。以建立现代企业制度为重点，支持经营性文化单位转企改制，积极稳妥做好文化市场主体登记注册工作。重点支持中央各部门各单位非时政类报刊社、文艺院团、动漫等文化产业发展，为转企改制、资本投资、股权转让提供咨询指导，提前介入、全程跟踪，积极做好对企业的登记注册辅导，方便企业顺利办理登记，尽快开展经营活动，积极参与市场竞争，促进文化产业大发展大繁荣。

第二节　鼓励各类资本投资演艺业

一、鼓励各类资本参与转制院团改革发展

长期以来，我国文化投入主要依靠政府资金，社会资本进入文化产业渠道不畅。为更好地适应市场经济需求，进一步支持转制院团改革发展，《意见》提出，鼓励各类资本依法以投资、控股、参股、并购、重组、项目合作等多种方式，参与国有文艺院团转企改制、股份制改造和演艺经营。

近年来，一些文艺院团在转企改制、股份制改造和演艺经营等方面大胆尝试引入社会资本，作出了有益探索。例如，北京儿童艺术剧院转企改制时，由北京青年报社控股，市文化局下属的北京市文化设施运营管理中心、北京电视台下属的北京电视事业开发集团、市教委下属的北京高校房地产开发总公司和北京市文化发展中心等四家股东参股，组建北京儿童艺术剧院股份有限公司。北京歌剧舞剧院转企改制时，由首都旅游集团控股，北京歌华文化发展集团、北京电视台、北京三奇广告有限公司参股，组建北京歌舞剧院有限责任公司。各地可结合实际，制定更具操作性、更加优惠的政策，吸引各类资本依法以多种方式参与支持转制院团改革发展。

二、鼓励成立演艺业发展基金

《意见》提出，鼓励成立演艺业发展基金，支持演艺业发展与创新。有条件的地方可借鉴成熟资本市场特别是文化产业发展投资基金的运作方式，由政府注资引导或参股，或由社会资本成立文化产业投资公司，搭建基金平台，引导向大型企业和金融机构募集资金，支持对转制院团进行股权投资、扶持创作演艺原创精品、重大演艺项目，推动演艺业链条重要环节提高增加值，提高投资基金收益，实现演艺业可持续发展。

三、推动演艺投资多元化

《意见》提出，鼓励风险投资基金、私募股权基金、各类文化产业投资基金等对转制院团及其战略性、先导性演艺项目进行投资，推动演艺投资多元化。转制院团可以积极利用多种金融工具，并在此基础上进行创新，这里重点介绍文化投资基金。其实行市场化运作，是对未上市文化企业进行股权投资和提供经营管理服务的利益共享、风险共担的一种投资制度，可以吸引和带动更多的社会资金投资于文化企业，拓宽融资渠道、增加融资机会、改善融资结构。投资主体的多元化有利于对文化企业经营者进行监督和管理，从而改善文化企业的治理结构。近年来，文化产业备受股权投资市场的青睐，中国文化产业投资基金、建银国际文化产业投资基金等相继成立，表现出资本市场对文化产业的高度关注。一些地方的演艺企业也积极利用这一良好形势发展壮大自己。如2011年杭州"音之舞"舞蹈培训全国连锁机构获得了杭州鼎聚投资有限公司首轮风险资本资助300万元、湖南演艺企业"琴岛演艺"获得了达晨创投7000万元投资、乐器直营连锁企业南京乐博乐器有限公司获得南京文化创业投资首笔入股基金等。各地可根据演艺业发展实际，设立国有或国有控股的文化产业投资基金，作为文化领域的战略投资者，支持转制院团进行股份制改造，吸引股权投资、参与企业经营管理与重大决策，通过推动演艺企业成功上市获得回报，保障国有资产保值增值。

【延伸阅读】

中国文化产业投资基金助力文化产业发展

2011年7月6日，中国文化产业投资基金由财政部注资引导，吸收中银国际控股有限公司、中国国际电视总公司及深圳国际文化产业博览交易会有限公司等认购设立，基金规模达200亿元，首期募集60亿元。该基金主要以股权投资方式，投资新闻出版发行、广播电影电视、文化艺术、网络文化、文化休闲及其他相关行业领域。该基金由专门机构进行管理，发挥财政资金的杠杆作用，实行市场化运作，推动资源重组和结构调整，促进文化产业发展。有关负责人表示，设立中国文化产业投资基金，是应对我国文化产业发展中面临的市场活力不足、企业融资困难、投资渠道不畅等问题的重要举措。同时，也是中央财政创新资金方式，提高资金使用效率的一次新的尝试。

（资料来源：相关新闻报道）

文化部设立文化产业投融资公共服务平台

"文化部文化产业投融资公共服务平台"是由中华人民共和国文化部主办、委托中通诚资产评估有限公司和深圳国际文化产业博览交易会有限公司运行管理的网络公共服务平台。该平台的目的在于促进文化产业和金融业结合发展，完善文化产业投融资体系，建立健全服务于文化产业的多层次资本市场，推动我国文化产业又好又快发展。该平台的主要功能包括发布最新资讯、政策法规、项目及产品、行业资料等信息，在线受理信贷申请、产权交易、补贴申报等业务，开展项目推介、上市推荐、产品发布、业务咨询等。该平台已经开通的"文化企业信贷申报评审系统"，是文化部为加强文化企业与银行机构之间的联系和沟通，建立便捷的文化产业信贷渠道，推动文化产业健康快速发展而建设的互联网在线服务系统。文化部文化产业投融资公共服务平台正逐步成为集文化产业投融资信息交流、政策对外发布、金融业务在线办理、金融品种发行、项目咨询投资、产品展示交易、行业知识普及等服务于一体的综合性网络公共服务平台。

（资料来源：摘编自中国文化产业网，2010年5月15日）

四、积极培育和发展演艺业保险市场

作为现代金融业的重要组成部分，保险具有经济补偿、资金融通和社会管理功能，是市场经济条件下风险管理的基本手段。《关于金融支持文化产业振兴和发展繁荣的指导意见》（银发[2010]94号）为探索开发适合演艺企业特点的新型险种和各种保险业务提供了创新空间，对振兴和发展包括演艺业在内的文化产业起到了积极作用。在此基础上，《意见》强调积极培育和发展演艺业保险市场。

国外演艺行业对风险管理非常重视，演艺保险发展成熟，一些大型保险公司都设有专门的演艺行业保险部门，通过提供风险保障、咨询服务、投资融资等多种方式，支持演艺产业进一步发展繁荣。由于目前我国保险业涉足演艺业保险时间较短，远远没有形成规模化经营，加上针对演艺保险功能及作用的宣传不够，使得我国演艺业保险的潜在需求尚未被充分挖掘出来。针对演艺行业的这一特点，相关部门应积极协调保险机构，积极探索适于演艺产品、演艺人员、演艺项目的险种，为数量众多的中小转制院团提供专业化服务，为其发展壮大提供基础性保障。

【延伸阅读】

中国人民财产保险有限公司北京分公司
研发多项演艺险种

演出取消险是筹备演出的公司为演出因为偶然事件而取消造成的损失所买的保险，属于"偶发事件保险"，但现在国内的保险公司大多并未设置该类产品。有保险业内人士透露，演出取消引发的退票、赔偿广告商损失等连锁反应赔偿额度很大，这使得保险公司不愿意做赔本买卖。随着国内演出市场日益活跃，演出商对于演出取消险的需求越来越大。中国杂技团有关负责人表示，国内演出保险品种太少，保费太高，尤其是对杂技这种具有一定危险性的演出形式，更是缺乏相匹配的保险产品。为此，中国人民财产保险有限公司北京分公司首推演出取消险，还研发设计了演艺活动财产保险、演艺活动公众责任保险、演艺人员意外和健康保险、展览会综合责任保险、企业关键人员意外和健康保险、文化企业贷款保证保险、文化活动公共安全综合保险等在内的8个险种，为保险系统探索演出保险产品提供了借鉴。

（资料来源：《北京商报》，2012年10月12日）

第三节　积极发展中介组织

一、发展和完善演艺中介机构

演艺中介组织是演艺市场的重要组成部分，是繁荣演艺市场不可或缺的环节。通过演艺中介组织为转制院团提供规范化、专业化、社会化服务，对提高文艺演出的市场化程度、提升转制院团内生发展能力具有重要意义。为此，《意见》提出发展和完善经纪、代理、评估、推介、咨询等中介机构，支持演艺产业要素交易平台建设。

目前，发展和完善研究中介机构应注意做好以下工作：一是积极营造良好环境，通过法律保障和政策支持，发展经纪、代理、评估、推介、咨询等中介机构，支持演艺行业要素交易平台建设。二是要提高演艺中介机构规范化、专业化、社会化服务水平，促进资本、著作权、人力资源等要素的规范流动和合理配置。三是要加强市场监管力度，规范演艺中介机构行为，维护演艺市场秩序。

二、推动建立演艺企业测评体系

演艺企业测评体系是指建立在测量学、统计学、企业管理学、艺术学、计算机技术等多学科基础上，定性和定量分析演艺企业经营、管理的各个维度，评价其取得的经济效益和社会效益，旨在了解并把握演艺企业综合发展水平及其变化方向和规律的一套科学指标测评体系。目前我国演艺行业尚缺少一整套经过科学设计、严密论证、权威度高、可推广使用的演艺企业评估体系和具体程序，应推动建立包括社会效益、经济效益各因素的演艺企业测评体系，推进演艺企业评估的标准化、公开化和公平性，以科学的评估引导演艺行业健康发展、繁荣演艺市场。

三、鼓励设立演艺人员保障公益基金

人力资源是最为稀缺、最有价值的"动态资产"，是现代企业的战略性资源，是决定现代企业发展的关键因素。作为以人的创意、人的表演为核心生产要素的演艺业，演艺人才素质对于演艺企业的发展具有特殊重要性。由于演艺行业的特殊性，演艺人员艺术生命周期很短，三、四十岁就面临着转岗和再安排；另外，芭蕾、杂技表演等意外伤残风险较大，演员从几岁就从艺，饱受伤病困扰的不在少数。因此，《意见》提出，鼓励演艺企业、社会团体、社会资本等设立演艺从业人员保障公益基金，对伤残、生活困难演艺人员进行救助。

第四节　为转制院团发展提供人才支撑

一、加强转制院团人才建设的重要意义

党的十七届六中全会提出，推动社会主义文化大发展大繁荣，队伍是基础，人才是关键。当前，转制院团正处于转型发展的关键时期，加强人才建设，培养一支素质过硬、结构合理的演艺人才队伍，造就一批熟悉文化工作和国际国内文化市场规则、具有先进管理理念和现代科学素养的演艺复合型人才，既是当前深化国有文艺院团改革发展

的有力保证，也是促进演艺业持续健康发展的重要支撑。

表6 涉及文化人才队伍建设重要政策一览表

年份	文件名称	主要内容
2011	《中共中央关于深化文化体制改革 推动社会主义文化大发展大繁荣若干重大问题的决定》	加强专业文化工作队伍、文化企业家队伍建设，扶持资助优秀中青年文化人才主持重大课题、领衔重点项目，抓紧培养善于开拓文化新领域的拔尖创新人才、掌握现代传媒技术的专门人才、懂经营善管理的复合型人才、适应文化走出去需要的国际化人才。
2012	《国家"十二五"时期文化改革发展规划纲要》	加强专业文化工作队伍、文化企业家队伍建设，扶持资助优秀中青年文化人才主持重大课题、领衔重点项目，抓紧培养善于开拓文化新领域的拔尖创新人才、掌握现代传媒技术的专门人才、懂经营善管理的复合型人才、适应文化走出去需要的国际化人才。完善相关政策措施，多渠道吸引海外优秀文化人才。积极支持高层次人才创办文化企业，完善实施知识产权作为资本参股的措施，实施扶持创业优惠政策。落实国家荣誉制度，抓紧设立国家级文化荣誉称号，表彰奖励成就卓著的文化工作者。
2012	《文化部"十二五"时期文化产业倍增计划》	推动文化产业学科建设，以学历教育形式不断壮大文化产业人才队伍。支持举办高级研修班、EMBA班、在职进修班，以非学历教育形式不断提升文化产业人才质量和水平。积极探索政府、高校、院所、企业合作培养机制，建立一批文化产业人才培养基地和文化产业创业园、孵化器，促进产学研一体化。通过"走出去、请进来"的方式，加强与各国文化产业界的交流，培养国际化人才。加强职业道德建设和作风建设，增强广大文化产业从业者社会责任感。
2012	《文化部"十二五"时期文化改革发展规划》	充分发挥教育培训在文化人才培养中的基础性作用。探索实施对专业技术人才、技能人才进行分类界定的方式，推进评价体系多元化。

二、培养演艺经营管理人才

目前，不少转制院团不善管理、不懂营销、不会资本运作，说到底还是缺少经营管理人才。据调查，北京某著名院团只有两个专门市场营销人员，开拓市场主要靠团长的个人关系网；有的转制院团甚至长期没有专门的市场营销人员。加强演艺经营管理人才的培养，强化其对市场规律的认识，提高其市场营销和资本运作能力，成为当前转制院团人才队伍建设的关键。为此，《意见》提出，对转制院团经营管理人员进行轮训，从2013年起在5年内完成对全国转制院团主要经营管理人员的分批次培训。

为加强人才队伍建设，支持转制院团改革发展，提升我国演艺业发展水平，文化部文化体制改革工作领导小组办公室根据《意见》要求，正在制定全国演艺企业经营管理人才培训规划，拟从2014年到2020年，对全国约5000名演艺企业经营管理人才分批次进行科学化、系统化培训。培训对象以国有演艺企业经营管理人才为主体，同时将民营演艺企业、产业链上相关行业的企业、相关消费和投资企业的经营管理人才也纳入培训范围。

三、加大优秀演艺人才扶持力度

加大优秀演艺人才扶持力度是加强转制院团人才建设的重要手段。舞台演艺主要靠创意创新、艺术家的个人才华和票房号召力立足，具有空间限定性、演出实时性、缺乏复制性等特征。没有杰出演艺人才，就没有艺术精品。为此，《意见》提出，推荐优秀演艺人才进入国家各类人才计划。宣传文化系统相关人才队伍建设工程要适当向转制院团倾斜。

各地应结合实际，在"四个一批"、"文化名家工程"等各类人才计划中适当提高优秀演艺人才推荐比例。要创造条件，有针对性地组织转制院团开展文艺主创人员观摩、学习、采风活动,促进优秀演艺人才不断涌现。

四、健全演艺人才工作机制

《意见》强调,要完善演艺人才待遇政策,健全人才培养开发、选拔使用、流动配置、激励保障机制。好的政策和机制就是吸引力和凝聚力,就是竞争力和生产力,政策和机制事关人才队伍的长远发展。

各地应结合实际,从人才培养开发、评价发现、选拔任用、流动配置、激励保障等方面进行探索和创新,形成更加科学、更具活力的一整套机制。当前,完善演艺人才待遇政策、健全演艺人才工作机制,要重点做好以下工作。

一是在演艺人才培养开发上,应建立演艺人才培养与经济社会发展需求相适应的动态调控机制,可结合实际采取与高等院校合作培养、委托培训、开放式培训、独立式培训、贴身式培训、派出式培训等多种形式,以解决培训针对性不强、形式单一等问题。

二是在演艺人才评价发现上,应坚持在实践中发现人才,以能力和业绩为导向建立人才评价体系。深化演艺专业技术人才职称制度改革,研究制定符合艺术人才成长规律的相关评审条件,逐步完善职业技能鉴定、职业资格认证的考核方法,科学评价演艺人才的工作业绩、职业道德、专业水平、应用与创新能力。

三是在演艺人才选拔任用上,应深化转制院团领导干部选拔任用制度改革,加大社会选聘转制院团管理人员及专业岗位人员的力度,不断完善演艺人才聘用制度和岗位管理制度,促进人岗适宜、才尽其用。

四是在演艺人才流动配置上,各地应充分发挥演艺市场配置演艺人才资源的积极作用,畅通演艺人才流动渠道,同时,也要采取适当的措施鼓励优秀演艺人才在服务基层一线中建功立业。

五是在演艺人才激励保障上,要改进以薪酬激励、持股激励、奖金激励为主的物质激励方式，也要逐步完善以荣誉激励、情感激励、信任激励等为主的精神激励方式。

六是在完善演艺人才待遇政策方面，要通过建立科学的、优惠的人才政策不断吸引优秀人才投身演艺业。转制院团引进高层次人才，可享受当地高层次人才引进的相关优惠政策。

五、造就一批艺术名家和管理名家

《意见》提出，通过文化名家工程、国家文化荣誉制度等，造就一批艺术名家、演艺企业管理名家。"文化名家工程"是国家重大人才工程之一，着眼于培养造就一批造诣高深、成就突出、影响广泛的宣传思想文化领域杰出人才。造就一批艺术名家和演艺企业管理名家，需要各地相关部门进一步加强领导，精心组织，确保中央的各项政策落到实处。各地应结合实际加大对培育艺术名家和管理名家的扶持力度，适当向演艺人才和演艺管理人才倾斜，抓紧培养善于开拓演艺领域的拔尖创新人才、懂经营善管理的复合型人才、适应文化"走出去"需要的国际化人才。

【延伸阅读】
- -

上海歌舞团有限责任公司创新用人机制

上海歌舞团转制为上海歌舞团有限责任公司后，按照"出人才、出精品、出效益"的要求，不断创新用人机制，取得显著成效。

一是改革分配制度。通过改革演出运营收入的初次分配制度，大幅度提高演职员的分成比例，充分调动了演职员的工作积极性。

二是实行干部竞聘制度。组织专家和职工代表组成竞聘委员会，重新选聘了公司中层干部。通过年终述职、任期考核等，加强了岗位管理，显著提高了公司内部管理效率，营造出"能者上、庸者下，不拘一格选人才、用人才"的良好氛围。

三是设立演员艺衔制度。借鉴世界一流艺术团体运营经验，结合自身实际，按照"地位角色认定，档次责任划开，明星效应凸显，利益劳酬匹配"的原则，设立舞蹈演员艺衔制度。以年度考核为依据，将演员划分为首席、独舞、领舞、群舞四个档次，相应设置艺衔津贴。同时，在演出收入分配中提高艺衔演员的演出费标准，并创造条件为首席演员举办个人舞蹈专场。

四是首创"特邀编导"机制。广泛与舞蹈界一流编导建立互通机制，在剧团建立导演工作室，通过为编导人才提供资金、演员、场地等资源，吸引编导人才指导创作排演，推出了《夜深沉》、《秀色》、《大地》等原创作品。特邀编导还以开设创作讲座、培养助理编导等方式，扶持培养公司内部的年轻编导。

五是组建专业营销队伍。树立"人人营销"的观念，一方面，引进与培养一批宣传策划、产品包装等方面的专业人才；另一方面，将转岗的舞蹈演员充实到营销团队中，通过加强市场营销提高了公司经营效益。

（资料来源：《国有文艺院团体制改革典型经验选编》）

第五节　加强转制院团党组织建设

一、转制院团党组织建设的重要性

党的基层组织是全部工作和战斗力的基础。随着国有文艺院团改革的不断深化，大批国有文艺院团转制为演艺企业，加强和改进转制院团党组织建设成为深化转制院团改革的重要内容。加强党组织建设，有利于保证国有文艺院团转制为企业后，充分发挥党组织的政治核心作用，保障转制院团始终坚定履行文化责任；有利于保障转制院团在改革发展过程中始终坚持社会效益和经济效益相结合、坚持把社会效益放在首位。

二、转制院团党组织建设的主要任务

按照《意见》的要求，转制院团党组织建设任务主要包括以下方面：一是同步组建、改建或更名党组织的工作。转制院团党组织要按照党章规定，根据转制后企业的规模、党员人数和工作需要，经上级党组织批准，同步组建、改建或更名党的基层组织，选配党性强、作风正、工作优的优秀人才担任党组织负责人。二是转制后企业内部党组织的设置工作。要随着企业组织结构和党员分布状况的变化，及时进行充实调整，充分发挥转制后企业党组织的战斗堡垒作用和党员的先锋模范作用。大型转制院团党委可根据工作需要设立党委办公室和组织、宣传等工作部门。中小型转制院团党的工作部门可单独设立，也可与职能相近的企业行政工作部门合署办公。设党组的企业集团的成员企业，应成立党的基层组织。三是理顺党组织隶属关系的工作。党组织的隶属关系要按照有利于加强党的领导和开展党的工作、有利于促进企业改革发展稳定的原则，予以及时理顺。

三、充分发挥转制院团党组织的作用

一是积极探索发挥党组织领导核心和政治核心作用的有效途径，改进党组织的工作方式和活动方式，创新党建工作的方法和手段，努力使党组织作用得到充分发挥、党的工作更富实效。二是加强转制院团党员队伍建设。通过加强党员教育管理、严格党的组织生活、加强党员党性分析、开展民主评议、加强党员培训等措施，教育转制院团的广大党员牢固树立党的观念、党员意识，讲党性、重品行、作表率。

附录

转制院团改革发展相关文件名录及全文

（按时间先后排序）

1. 劳动和社会保障部　国家经济贸易委员会
科学技术部　财政部
关于国家经贸委管理的10个国家局所科研机构
转制后有关养老保险问题的通知

（劳社部发[2000]2号）

有关省、自治区、直辖市劳动(劳动和社会保障)厅(局)、经贸委(经委、计经委)、科委、财政厅(局)：

按照《国务院办公厅转发科技部等部门关于国家经贸委管理的10个国家局所属科研机构管理体制改革意见的通知》(国办发[1999]18号)和科技部等12个部门《关于印发〈关于国家经贸委管理的10个国家局所属科研机构管理体制改革的实施意见〉的通知》(国科发政字[1999]143号)的规定，科研机构转制后实行企业职工基本养老保险制度。为做好这些单位职工参加基本养老保险统筹和离退休人员的养老金发放工作，根据《研究国家经贸委管理的10个国家局所属242个科研机构转制过程中有关问题的会议纪要》(国阅[1999]47号)要求，现就有关问题通知如下：

一、基本养老保险费的缴纳

转制的科研机构，从1999年7月1日起，单位和个人按当地人民政府规定的比例，分别以1999年7月的工资总额和个人缴费工资为基数缴纳基本养老保险费，建立基本养老保险个人账户。1999年7月1日前的连续工龄视同缴费年限，不再补缴养老保险费。

二、养老保险待遇的支付

（一）转制前已经离退休的人员，原离退休费待遇标准不变。对有事业费的单位，社会保险经办机构按所在城市1999年7月企业人均养老金标准支付离退休人员养老金，与原待遇标准的差额部分由原单位用事业费或自有资金支付；没有事业费的单位，由社会保险经办机构按国家规定的事业单位离退休费标准支付养老金。离退休人员的基本养老金调整按企业的办法执行，所需费用从基本养老保险统筹基金中支付。

（二）转制前参加工作、转制后退休的人员，基本养老金计发按照企业的办法执行。为保证离退休人员待遇水平平稳衔接，在5年过渡期内，按照企业基本养老金计发办法计发的养老金，如低于按原事业单位退休金计发办法计发的养老金，其差额部分(以下称待遇差)，采用加发补贴的办法解决，所需费用从基本养老保险统筹基金中支付。其中，1999年7月1日后退休的，发给待遇差的90%；2000年7月1日后退休的，发给待遇差的70%；2001年7月1日后退休的，发给待遇差的50%；2002年7月1日后退休的，发给待遇差的30%；2003年7月1日后退休的，发给待遇差的10%；2004年7月1日后退休的，不再发给该项补贴。有条件的单位可建立补充养老保险。过渡期内退休的人员，核定补贴标准时，企业平均基本养老金按所在城市1999年7月的标准计算；事业单位离退休金以1999年7月本人缴费工资为基数计算，一次核定后不再变动。

（三）转制后参加工作的人员，按照规定执行当地企业职工基本养老保险制度。

三、组织实施及管理

（一）科研机构转制后的养老保险工作，政策性强，涉及面广，有关省、自治区、直辖市劳动保障、经贸委、科委、财政等部门，要在当地政府的领导下，认真贯彻落实国家有关政策规定，密切配合，加强协调，使转制科研机构参加养老保险统筹的工作平稳过渡，保证改革的顺利实施。

（二）各地社会保险经办机构，要加强基础管理，认真核定单位和个人缴费工资基数，尽快为转制单位职工建立基本养老保险个人账户；要实行全额收缴的基金结算方式，及时拨付应由基本养老保险统筹基金支付的养老金并实行社会化发放。

（三）转制科研机构应按照有关法律、法规的规定，按时进行养老保险登记、申报和缴费；要高度重视并保证科技人员退休后应有的生活待遇，按时足额支付应由单位支付的离退休人员离退休费，不得发生拖欠。

（四）已经参加了基本养老保险社会统筹的转制科研机构，继续执行当地政府的有关规定，原来实行的基本养老保险费缴纳和基本养老金支付办法不再改变。

二○○○年一月十二日

2. 劳动和社会保障部 人事部 财政部 科技部 建设部
关于转制科研机构和工程勘察
设计单位转制前离退休人员待遇调整等问题的通知

（劳社部发[2002]5号）

有关省、自治区、直辖市劳动和社会保障、人事、财政、科技、建设厅（局）：

经国务院批准，现就国家经贸委所属的原10个国家局管理的242个科研机构、中央所属的178家工程勘察设计单位以及建设部等11个部门（单位）所属的134个科研机构（以下简称转制单位）转制前离退休人员离退休待遇调整等问题通知如下：

一、有正常事业费的转制单位，转制前离退休人员不再执行企业离退休人员基本养老金调整办法，社会保险经办机构只负责发放接收时按规定标准核定的基本养老金，以后不再增加。从2001年开始，其离退休待遇调整纳入国家统一的事业单位离退休费调整范围，由财政部门按统一的补助标准和现有经费渠道安排所需资金，并由离退休人员原单位负责发放。2001年地方已经按企业办法为转制前离退休人员增加的基本养老金，由社会保险经办机构扣回。

二、没有正常事业费的转制单位，转制前离退休人员按规定标准核定的基本养老金继续由社会保险经办机构发放，基本养老金调整按企业的办法执行，所需费用从基本养老保险统筹基金中支付。国家统一出台事业单位离退休费调整政策时，转制前离退休人员按企业办法增加的基本养老金与按事业单位办法增加的离退休费的差额部分，由原单位视经济情况自筹资金解决，并做好在职职工和离退休人员的稳定工作。

三、中央所属的178家工程勘察设计单位以及建设部等11个部门（单位）所属的134个科研机构在职职工，可参照《国务院办公厅转发人事部、财政部关于调整机关事业单位工作人员工资和增加离退休人员离退休费四个实施方案的通知》（国办发[2001]14号）的规定，调整在职职工工资，并纳入社会保险的缴费基数。调整工资所需资金，有正常事业费的转制单位由财政部门按同类事业单位的调资政策和现行资金渠道予以补助，没有正常事业费的转制单位自筹资金解决。此后，这些单位在职职工调整工资按企业工资政策执行。

四、本通知下发后，《国务院办公厅转发建设部等部门关于中央所属工程勘察设计单位体制改革实施方案的通知》（国办发[2000]71号）、《关于国家经贸委管理的10个国家局所属科研机构转制后有关养老保险问题的通知》（劳社部发[2000]2号）、《关于印发建设部等11个部门（单位）所属134个科研机构转制方案的通知》（国科发政字[2000]300号）中的有关规定与本通知不一致的，按本通知规定调整，其他政策规定继续执行。

二〇〇二年二月六日

3. 国务院关于非公有资本进入文化产业的若干决定

(国发[2005]10号)

各省、自治区、直辖市人民政府，国务院各部委、各直属机构：

为大力发展社会主义先进文化，充分调动全社会参与文化建设的积极性，进一步引导和规范非公有资本进入文化产业，逐步形成以公有制为主体、多种所有制经济共同发展的文化产业格局，提高我国文化产业的整体实力和竞争力，现就有关问题作出如下决定：

一、鼓励和支持非公有资本进入以下领域：文艺表演团体、演出场所、博物馆和展览馆、互联网上网服务营业场所、艺术教育与培训、文化艺术中介、旅游文化服务、文化娱乐、艺术品经营、动漫和网络游戏、广告、电影电视剧制作发行、广播影视技术开发运用、电影院和电影院线、农村电影放映、书报刊分销、音像制品分销、包装装潢印刷品印刷等。

二、鼓励和支持非公有资本从事文化产品和文化服务出口业务。

三、鼓励和支持非公有资本参与文艺表演团体、演出场所等国有文化单位的公司制改建，非公有资本可以控股。

四、允许非公有资本进入出版物印刷、可录类光盘生产、只读类光盘复制等文化行业和领域。

五、非公有资本可以投资参股下列领域国有文化企业：出版物印刷、发行，新闻出版单位的广告、发行，广播电台和电视台的音乐、科技、体育、娱乐方面的节目制作，电影制作发行放映。上述文化企业国有资本必须控股51%以上。

六、非公有资本可以建设和经营有线电视接入网，参与有线电视接收端数字化改造，从事上述业务的文化企业国有资本必须控股51%以上。非公有资本可以控股从事有线电视接入网社区部分业务的企业。

七、非公有资本可以开办户外、楼宇内、交通工具内、店堂等显示屏广告业务，可以在符合条件的宾馆饭店内提供广播电视视频节目点播服务。有关部门要严格资质认定，明确经营范围，加强日常监管。

八、非公有资本进入文化产业按现行有关规定管理，其中第五条、第六条、第七条规定的事项还须经有关行政主管部门批准。有关投资项目的审批或核准，按照《国务院关于投资体制改革的决定》（国发[2004]20号）的规定办理。要严格审批程序、完善审批办法、规范文化产业发展、保护企业合法权益，取缔违法违规经营。非公有制文化企业在项目审批、资质认定、融资等方面与国有文化企业享受同等待遇。

九、非公有资本不得投资设立和经营通讯社、报刊社、出版社、广播电台（站）、电视台（站）、广播电视发射台（站）、转播台（站）、广播电视卫星、卫星上行站和收转站、微波站、监测台（站）、有线电视传输骨干网等；不得利用信息网络开展视听节目服务以及新闻网站等业务；不得经营报刊版面、广播电视频率频道和时段栏目；不得从事书报刊、影视片、音像制品成品等文化产品进口业务；不得进入国有文物博物馆。

十、文化部、广电总局、新闻出版总署根据本决定，制定具体实施办法，明确国家鼓励、允许、限制和禁止投资的产业目录，引导非公有制文化企业持续快速健康发展。

各地区、各部门要依法清理和修订与本决定相抵触的规定。外资进入文化产业依照有关法律法规的规定执行。

二〇〇五年四月二十日

4. 国务院办公厅转发财政部等部门
关于鼓励和支持文化产品和服务出口若干政策的通知

（国办发[2006]88号）

各省、自治区、直辖市人民政府，国务院各部委、各直属机构：

财政部、商务部、文化部、人民银行、海关总署、税务总局、广电总局、新闻出版总署《关于鼓励和支持文化产品和服务出口的若干政策》已经国务院同意，现转发给你们，请认真贯彻执行。

国务院办公厅

二○○六年十一月五日

关于鼓励和支持文化产品和服务出口的若干政策

财政部　商务部　文化部　人民银行

海关总署　税务总局　广电总局　新闻出版总署

为进一步贯彻落实中共中央办公厅、国务院办公厅《关于进一步加强和改进文化产品和服务出口工作的意见》（中办发[2005]20号），鼓励和支持文化企业参与国际竞争，推动我国文化产品和服务更多地进入国际市场，特制定以下政策。

一、鼓励和支持各种所有制文化企业积极开展、参与和从事文化产品和服务出口业务。各种所有制文化企业均可从事国家法律法规允许经营的文化产品和服务出口业务，并享有同等待遇。对从事文化产品和服务出口的文化企业销售人员、演出人员，简化因公出境审批手续，实行一次审批、全年有效的办法。商务部会同宣传、文化、外宣等主管部门制定《文化产品和服务出口指导目录》，完善文化产品和服务进出口统计，加强对文化企业走出去的指导，对列入指导目录的项目和企业，给予相应优惠政策。海关为文化产品和服务出口提供通关便利。

二、按照"以进带出、进出挂钩"的原则，加强对文化产品进出口的宏观调控，逐步改变对外文化贸易逆差较大的状况。从事图书、报刊、电子音像制品、电影和电视剧国际版权贸易的文化单位要积极拓展出口业务，加大出口业务在总业务量中的比重，对进出口比例严重失衡的要削减版权引进数量和引进指标。

三、支持出版集团公司和具有一定版权输出规模的出版社成立专门针对国外图书市场的出版机构，经批准可配备相应出版资源。出版单位对海外的版权输出，可以根据实际输出版权数量给予相应的支持和奖励。

四、鼓励文化企业通过新设、收购、合作等方式，在境外设立出版社、广播电视网、出版物营销机构等，商务主管部门将在境外投资促进、扶持、保障、服务、核准等方面提供便利。支持广播电视在境外落地，鼓励文化企业在境外购买媒体播出时段、开办广播电视频率频道，鼓励符合条件的文化企业开展对外劳务合作，文化主管部门在资质评估、信息咨询、考察市场等方面给予支持。

五、支持出口文化产品和服务的技术创新。鼓励文化企业增加对出口产品和服务的研发投入，加大对关系出口的共性技术研发的扶持，积极开发拥有自主知识产权的关键技术和核心技术。加强对文化产品和文化服务的知识产权保护。支持用于文化产品和服务创新的先进技术和设备的引进，加强消化、吸收和再创新工作。对引进国内不能生产的国外先进技术、关键设备及配套件和备件等，可按照国务院有关规定免征关税和进口环节增值税。

六、中央和省级宣传文化发展专项资金、文化走出去专项资金，要加大对文化产品和服务出口的支持，奖励开发国际文化市场成绩突出的企业，资助电影和音像制品的翻译、外文配音和字幕的打印制作、重点出口图书的翻译，对境外商业性演出人员和道具的国际旅运费、参加境外博览会的场馆租金可给予一定补贴。对参加境外文化节的文化单位，根据情况给予经费资助。利用中央外贸发展基金支持文化产品和服务出口。利用中小企业国际市场开拓资金支持文化企业在境外参展、宣传推广、培训研讨和境外投标等市场开拓活动。按照现行援外管理规定，从援外资金中安排专门预算，推动文化产品和服务出口。上述资金可向财政、商务主管部门提出申请。

七、商务、文化、外宣等主管部门要加强统筹协调，加大文化产品和服务开拓国际市场的力度，通过在境外组织综合性的中国文化产品和服务出口展览会和经贸洽谈活动，或参加综合性的国际服务贸易展览会，扩大中国文化产品和服务的国际影响力，树立良好的国际形象。有关政府部门的网站设立文化产品和服务出口相关网页，定期对外公布具有出口资质的文化企业名录和企业法人名单，介绍我国文化产品和服务出口相关信息。支持文化企业在海外积极应诉知识产权纠纷，及时提供海外法律、知识产权等方面的咨询，并可给予一定资金补贴。

八、对文化产品出口实行出口退税优惠政策，原则上按征税率办理退税。对企业在境外提供文化劳务取得的境外收入不征营业税，对企业向境外提供翻译劳务和进行著作权转让而取得的境外收入免征营业税，对在境外已缴纳的所得税款按现行有关规定抵扣。从事广播影视节目在境外落地的集成播出企业，从境外取得的收入免征营业税。

九、中国进出口银行、国家开发银行等政策性银行把文化产品和服务出口纳入业务范围。对列入《文化产品和服务出口指导目录》的出口项目和企业，需要银行贷款的，可提出贷款申请，银行按规定积极给予贷款支持。对有效益、有市场、有还本付息能力的文化企业适当提高授信额度。

十、充分利用出口信用保险扩大文化产品和服务的出口。从事出口信用保险业务的保险机构应积极开发相关险种，分担文化企业进入海外市场时可能遭遇的风险。

十一、鼓励和支持文化企业在自愿的基础上注册成立产业协会性质的文化产品和服务进出口商会，充分发挥商会维护会员权益、研究有关国家文化市场和政策环境，维护市场秩序的功能。

成立全国性的文化产品和服务出口联盟，在商务、文化主管部门的指导下，整合企业力量，扩大对外宣传，加强行业自律，帮助企业开拓海外文化市场。

十二、完善文化产品和服务出口表彰奖励机制。对出口规模较大、出口业务增长较快的文化企业；积极引进我国版权的国外文化机构和企业；对将我国文化产品推向海外市场作出贡献的国内外媒体、中介机构和友好人士，给予相应的表彰和奖励。

5. 财政部 国家税务总局关于文化体制改革中 经营性文化事业单位转制为企业的若干税收 优惠政策的通知

(财税[2009]34号)

各省、自治区、直辖市财政厅（局）、国家税务总局、地方税务局、
新疆生产建设兵团财务局：

为了贯彻落实《国务院办公厅关于印发文化体制改革中经营性文化
事业单位转制为企业和支持文化企业发展两个规定的通知》（国办发
[2008]114号），进一步推动文化体制改革，促进文化企业发展，现就经营
性文化事业单位转制为企业的税收政策问题通知如下：

一、经营性文化事业单位转制为企业，自转制注册之日起免征企业
所得税。

二、由财政部门拨付事业经费的文化单位转制为企业，自转制注册
之日起对其自用房产免征房产税。

三、党报、党刊将其发行、印刷业务及相应的经营性资产剥离组建
的文化企业，自注册之日起所取得的党报、党刊发行收入和印刷收入免
征增值税。

四、对经营性文化事业单位转制中资产评估增值涉及的企业所得
税，以及资产划转或转让涉及的增值税、营业税、城建税等给予适当的
优惠政策，具体优惠政策由财政部、国家税务总局根据转制方案确定。

五、本通知所称经营性文化事业单位是指从事新闻出版、广播影视

和文化艺术的事业单位；转制包括文化事业单位整体转为企业和文化事业单位中经营部分剥离转为企业。

六、本通知适用于文化体制改革地区的所有转制文化单位和不在文化体制改革地区的转制企业。有关名单由中央文化体制改革工作领导小组办公室提供，财政部、国家税务总局发布。

本通知执行期限为2009年1月1日至2013年12月31日。

二〇〇九年三月二十六日

6. 财政部 海关总署 国家税务总局
关于支持文化企业发展若干税收政策问题的通知

（财税[2009]31号）

各省、自治区、直辖市财政厅（局）、国家税务总局、地方税务局，新疆生产建设兵团财务局，海关总署广东分署，天津、上海特派办，各直属海关：

根据《国务院办公厅关于印发文化体制改革中经营性文化事业单位转制为企业和支持文化企业发展两个规定的通知》（国办发[2008]114号）有关精神，现就文化企业的税收政策问题通知如下：

一、广播电影电视行政主管部门（包括中央、省、地市及县级）按照各自职能权限批准从事电影制片、发行、放映的电影集团公司（含成员企业）、电影制片厂及其他电影企业取得的销售电影拷贝收入、转让电影版权收入、电影发行收入以及在农村取得的电影放映收入免征增值税和营业税。

二、2010年底前，广播电视运营服务企业按规定收取的有线数字电视基本收视维护费，经省级人民政府同意并报财政部、国家税务总局批准，免征营业税，期限不超过3年。

三、出口图书、报纸、期刊、音像制品、电子出版物、电影和电视完成片按规定享受增值税出口退税政策。

四、文化企业在境外演出从境外取得的收入免征营业税。

五、在文化产业支撑技术等领域内，依据《关于印发〈高新技术企业认定管理办法〉的通知》（国科发火[2008]172号）和《关于印发〈高新技术企业认定管理工作指引〉的通知》（国科发火[2008]362号）的规定认定的高新技术企业，减按15%的税率征收企业所得税；文化企业开发新技术、新产品、新工艺发生的研究开发费用，允许按国家税法规定在计算应纳税所得额时加计扣除。文化产业支撑技术等领域的具体范围由科技部、财政部、国家税务总局和中宣部另行发文明确。

六、出版、发行企业库存呆滞出版物，纸质图书超过五年（包括出版当年，下同）、音像制品、电子出版物和投影片（含缩微制品）超过两年、纸质期刊和挂历年画等超过一年的，可以作为财产损失在税前据实扣除。已作为财产损失税前扣除的呆滞出版物，以后年度处置的，其处置收入应纳入处置当年的应税收入。

七、为生产重点文化产品而进口国内不能生产的自用设备及配套件、备件等，按现行税收政策有关规定，免征进口关税。

八、对2008年12月31日前新办文化企业，其企业所得税优惠政策可以按照财税[2005] 2号文件规定执行到期。

九、本通知适用于所有文化企业。文化企业是指从事新闻出版、广播影视和文化艺术的企业。文化企业具体范围见附件。

除上述条款中有明确期限规定者外，上述税收优惠政策执行期限为2009年1月1日至2013年12月31日。

附件：《文化企业的具体范围》全文

1. 文艺表演团体；

2. 文化、艺术、演出经纪企业；

3. 从事新闻出版、广播影视和文化艺术展览的企业；

4. 从事演出活动的剧场（院）、音乐厅等专业演出场所；

5. 经国家文化行政主管部门许可设立的文物商店；

6. 从事动画、漫画创作、出版和生产以及动画片制作、发行的企业；

7. 从事广播电视（含付费和数字广播电视）节目制作、发行的企业，从事广播影视节目及电影出口贸易的企业；

8. 从事电影（含数字电影）制作、洗印、发行、放映的企业；

9. 从事付费广播电视频道经营、节目集成播出推广以及接入服务推广的企业；

10. 从事广播电影电视有线、无线、卫星传输的企业；

11. 从事移动电视、手机电视、网络电视、视频点播等视听节目业务的企业；

12. 从事与文化艺术、广播影视、出版物相关的知识产权自主开发和转让的企业；从事著作权代理、贸易的企业；

13. 经国家行政主管部门许可从事网络图书、网络报纸、网络期刊、网络音像制品、网络电子出版物、网络游戏软件、网络美术作品、网络视听产品开发和运营的企业；以互联网为手段的出版物销售企业；

14. 从事出版物、影视、剧目作品、音乐、美术作品及其他文化资源数字化加工的企业；

15. 图书、报纸、期刊、音像制品、电子出版物出版企业；

16．出版物物流配送企业，经国家行政主管部门许可设立的全国或区域出版物发行连锁经营企业、出版物进出口贸易企业、建立在县及县以下以零售为主的出版物发行企业；

17．经新闻出版行政主管部门许可设立的只读类光盘复制企业、可录类光盘生产企业；

18．采用数字化印刷技术、电脑直接制版技术（CTP）、高速全自动多色印刷机、高速书刊装订联动线等高新技术和装备的图书、报纸、期刊、音像制品、电子出版物印刷企业。

二〇〇九年三月二十七日

7. 财政部关于中央级经营性文化事业单位转制中资产和财务管理问题的通知

（财教[2009]126号）

党中央有关部门，国务院各部委、各直属机构，全国人大常委会办公厅，全国政协办公厅、各民主党派中央，有关中央直属企业，新疆生产建设兵团：

为了加强和规范中央级经营性文化事业单位（以下简称转制单位）转制过程中的资产和财务管理工作，根据《国务院办公厅关于印发文化体制改革中经营性文化事业单位转制为企业和支持文化企业发展两个规定的通知》（国办发[2008]114号）和《财政部中宣部文化部广电总局新闻出版总署关于在文化体制改革中加强国有资产管理的通知》（财教[2007]213号）等文件要求及转制政策的有关规定，现就转制中清产核资、资产评估、产权登记等资产和财务管理工作有关问题通知如下：

一、清产核资

1. 转制单位的转制方案获得批准后，相应主管部门应按照国家有关规定及本通知要求，着手组织清产核资工作。其中，执行事业单位财务和会计制度的转制单位应按照《行政事业单位资产清查暂行办法》（财办[2006]52号）的有关规定执行；执行企业财务和会计制度的转制单位应遵照《国有企业清产核资办法》（国资委令第1号）、《国有企业清产核资工作规程》（国资评价

[2003]73号）等有关规定执行。

2.进行清产核资工作的转制单位应当成立以主管领导为组长的清产核资领导小组，抽调财务、审计、设备管理和技术人员等，组成专门工作机构，制定清产核资工作方案，并做好相关人员培训等基础工作，保证清产核资工作顺利进行。

主管部门应切实采取有力措施，防止转制单位以私分、低价变卖、虚报损失等手段侵吞、转移国有资产等行为的发生，防止国有资产流失。

3.转制方案获得批准后，执行事业单位财务和会计制度的转制单位应依照《中央级事业单位国有资产管理暂行办法》（财教[2008]13号）提出清产核资申请，经主管部门审核同意后报财政部备案；执行企业财务和会计制度的转制单位清产核资立项申请应经主管部门审核同意后报财政部批准。

4.立项申请文件应包括单位基本情况介绍、清产核资基准日、清产核资范围、经批准转制方案及批复文件、组织形式、中介机构的选聘方案及其他需要说明的情况。转制单位的清产核资基准日，一般应以转制方案获得批准的前一个会计月末作为清查工作基准日。转制单位的清产核资范围应以经批准转制方案为准，包括转制单位本部、所属企事业单位及投资控股企业。

5.本通知下发前已自行开展清产核资工作的转制单位，应重新办理立项申请。根据《新闻出版总署关于印发〈中央各部门各单位出版社转制工作基本规程〉的通知》（新出字[2009]1号），中央各部门各单位出版社转制工作方案经体制改革工作领导小组办公室批准后，视同出版社清产核资立项工作已完成，不再另行报批。

6.转制单位应在立项批复或备案后六个月内完成清产核资工作，并按规定将清产核资结果报送主管部门和财政部。

7.对执行事业单位财务和会计制度的转制单位清产核资结

果的审核批复，按照《行政事业单位资产核实暂行办法》（财办[2007]19号）的有关规定执行；对执行企业财务和会计制度的转制单位清产核资结果的审核批复，参考《关于印发国有企业清产核资资金核实工作规定的通知》（国资评价[2003]74号）执行。

转制为企业的出版、发行单位，可通过资产清查，对其库存积压待报废的出版物做一次性处理，损失允许在净资产中扣除。对于出版、发行单位库存呆滞出版物，纸质图书超过五年（包括出版当年，下同）、音像制品、电子出版物和投影片（含缩微制品）超过两年、纸质期刊和挂历年画等超过一年的，可以作为财产损失处理。对经批复同意核销的库存呆滞出版物，出版、发行单位应当加强管理，建立账销案存管理制度、组织力量或成立专门机构继续积极清理和营销，以后年度处置时，相应的处置收入应纳入处置当年的营业收入。

8.财政部审核各主管部门上报的清产核资结果时，在认为必要的情况下，可以另行聘请中介机构进行核查。

9.经财政部审核批复的转制单位清产核资结果，自清产核资基准日起2年内有效。

10.转制单位应根据财政部批复的清产核资结果进行账务处理，依照《企业会计制度》（财会[2000]25号）编制财务会计报表，并聘请中介机构进行转制财务审计。有条件的转制单位可依照《企业会计准则》（财会[2006]3号）编制财务会计报表。

二、资产评估

11.转制单位在完成清产核资工作后，如整体或者部分改建为有限责任公司或者股份有限公司及产权转让等，应遵照《国有资产评估管理办法》（国务院令第91号令）、《国有资产评估管理若干问题的规定》（财政部令第14号）及国家其他有关法规规定开展资产评估工作。

12.资产评估报告的备案工作应按照《国有资产评估项目备案管理办法》（财企[2001]802号）中有关国有资产评估项目的备案管理规定执行。各主管部门直属转制单位的资产评估报告，应经主管部门报财政部备案。其他转制单位的资产评估报告，报相应的主管部门备案。

三、国有资产产权登记

13.转制单位完成上述转制基础工作后，应按国家有关规定及时办理事业法人注销登记、企业国有资产产权登记及工商注册登记。

14.转制单位企业国有资产产权登记，应参照《企业国有资产产权登记管理办法实施细则》（财管字[2000]116号）相关规定到财政部办理。

四、国有资产划转

15.转制过程中相关事业单位进行国有资产划转的，应根据《事业单位财务通则》（财政部令第8号）、《中央级事业单位国有资产处置管理暂行办法》（财教[2008]495号）等有关规定执行。转制单位转制后进行国有资产无偿划转的，应根据《企业国有产权无偿划转管理暂行办法》（国资发产权[2005]239号）、《关于企业国有资产办理无偿划转手续的规定》（财管字[1999]301号）等有关规定执行；进行国有资产有偿转让的，应根据《企业国有产权转让管理暂行办法》（国资委、财政部令第3号）等有关规定执行。

16.被撤销的转制单位，全部资产由主管部门和财政部门核准处理。

以上事项，特此通知。执行中如遇任何问题，请及时向我部反映，以便进一步完善此项工作。

二〇〇九年七月七日

8. 中共中央宣传部 文化部
关于深化国有文艺演出院团体制改革的若干意见

（文政法发[2009]25号）

各省、自治区、直辖市党委宣传部、文化厅（局），新疆生产建设兵团党委宣传部、文化局，各计划单列市党委宣传部、文化局，文化部各司局，各直属单位：

为深入贯彻党的十七大精神，全面落实科学发展观，推动社会主义文化大发展大繁荣，根据中央关于深化文化体制改革的部署和要求，就深化国有文艺演出院团体制改革提出如下意见。

一、深化国有文艺演出院团体制改革的重要性和紧迫性

1. 国有文艺演出院团是繁荣社会主义文艺的中坚力量，在社会主义精神文明建设中承担着重要使命。改革开放特别是党的十六大以来，国有文艺演出院团围绕中心、服务大局，大力推进艺术创作和生产，推出了一批思想性、艺术性、观赏性俱佳的演艺精品，培养了众多德艺双馨的优秀人才，为繁荣发展文化艺术、满足公众文化需求、提高全民文化素质作出了重要贡献。一批国有文艺演出院团解放思想、大胆实践，积极探索以新的体制机制破解发展难题，显著增强了自身艺术创造力和市场竞争力，为深化改革积累了新鲜经验。

2. 国有文艺演出院团的体制改革虽然取得不少成绩，但与文化体制改革的总体要求还有较大差距。随着演艺业赖以生存和发展的经济基础、体制条件和社会环境的深刻变化，国有文艺演出院团旧有

体制的弊端日益显露。绝大多数国有院团仍保留事业体制，没有形成与市场对接的体制机制，没有成为市场主体，缺乏通过市场竞争做大做强的内在动力；相当多的剧（节）目以参评获奖为主要生产目的，没有进入市场，忽视观众需求，社会效益与经济效益都受到制约；现行体制是按照行政区划和级次层层办团，"小而全"、"散而弱"，很难形成有实力的文化品牌，不利于中华文化"走出去"；许多院团包袱沉重，人员能进不能出、能上不能下，影响了演职员工的工作积极性，生产经营难以为继。这种状况与日趋完善的社会主义市场经济体制不相适应，与人民群众不断增长的精神文化需求不相适应，与推动社会主义文化大发展大繁荣的战略目标不相适应。切实加大力度、加快进度，开创国有文艺演出院团体制改革工作的新局面，已成为当前深化文化体制改革的重大课题，成为摆在我们面前的突出任务。

3. 当前，推进国有文艺演出院团体制改革面临极好机遇。党中央、国务院高度重视文艺工作，为改革提供了坚强的领导保证；我国综合国力日益增强，为改革提供了坚实的物质基础；全面建设小康社会对文艺繁荣提出新的要求，为改革提供了强劲动力；文化体制改革配套政策不断完善，为改革提供了有力保障；文化体制改革试点工作取得显著成绩，为改革提供了丰富的实践经验。我们必须从不断解放和发展文化生产力、丰富人民精神文化生活、提高国家文化软实力的高度，充分认识深化国有文艺演出院团体制改革的重大意义，抓住机遇，奋力进取，加快形成有利于演艺业出精品、出人才、出效益的体制条件。

二、深化国有文艺演出院团体制改革的指导思想、目标任务和基本原则

4. 深化国有文艺演出院团体制改革的指导思想是：高举中国特色社会主义伟大旗帜，以邓小平理论和"三个代表"重要思想为指导，深入贯彻落实科学发展观，按照"高举旗帜、围绕大局、服务人民、改革创新"的总要求，坚持社会主义先进文化的前进方向，坚持

面向群众、面向市场，以转企改制为中心环节，全面推进体制机制创新，进一步解放和发展文化生产力，努力满足广大人民群众日益增长的多层次多方面的精神文化需求。

5. 深化国有文艺演出院团体制改革的目标任务是：加快转企改制工作步伐，积极培育新型市场主体。对市场发育相对成熟的歌舞、杂技、曲艺、话剧、地方戏曲等方面的国有院团，要确定转企改制工作进度，加大改革力度。除新疆、西藏外，各省、自治区、直辖市和计划单列市、省会城市2009年底前都要至少完成一家直属院团整体转企改制；试点工作基础较好的地区，现阶段要有计划地分期分批展开；2010年后，将国有院团转企改制工作向面上推开。各省、自治区、直辖市要于2010年前选择一至两个试点县，推动县级院团转企改制，探索政府采购公益性演艺服务的方式，开发农村演艺市场。加快形成统一、开放、竞争、有序的现代演艺市场体系，更大程度地发挥市场在演艺资源配置中的基础性作用，积极建设电子票务、剧场院线等现代演艺营销体系。着力转变政府职能，加强和改进演艺领域宏观管理，推动建设一批新型行业组织和市场中介机构。打造一批外向型演艺企业，大力推动演艺产品和服务"走出去"。

6. 实现上述目标任务，要遵循以下基本原则：把解放思想、转变观念作为深化改革的重要前提，牢固树立符合科学发展观要求的新的文化发展理念；把繁荣发展艺术生产、不断满足人民群众精神文化需求作为深化改革的根本出发点，坚持以发展为主题，以改革开放和科技进步为动力；把面向群众、面向市场作为深化改革的基本要求，始终把社会效益放在首位，努力实现社会效益和经济效益的统一；把区别对待、分类指导作为深化改革的基本方法，进一步明确各类国有文艺演出院团的职能、任务和改革途径；把广大演职员工作为深化改革的主体力量，充分发挥他们的积极性、主动性、创造性；把完善和落实政策作为深化改革的有力保障，务求实现"早改早受益、早改早发展"。

三、深化国有文艺演出院团体制改革的基本内容

7. 坚持把转企改制作为深化国有文艺演出院团体制改革的中心环节。按照创新体制、转换机制、面向市场、壮大实力的基本要求，着力扶持转企改制院团做大做强，显著增强国有资本在演艺领域的主导作用。

以多种形式探索转企改制。推动歌舞、杂技、曲艺、话剧、地方戏曲等方面的国有院团率先进行整体转企改制。其他院团可以通过组建项目公司等方式，推行市场化运作机制，为转企改制积累经验、创造条件。推动兴办文化产业投资公司，支持院团转企改制。鼓励引进战略投资者，支持其以控股、参股等形式参与院团股份制改造。

完善转企改制院团的企业运行机制。改变院团在传统事业体制下的机构设置，加快完善法人治理结构。加强成本核算，改进经营方式，建立适应市场竞争需要的艺术生产机制。运用市场手段和资本力量，进行演艺产品及衍生品的创意、生产和营销。大力开发原创性演艺产品，打造具有核心竞争力的知名文化品牌。

着力培育骨干演艺企业。鼓励转企改制院团整合优质资源，与演出中介机构、演出场所等组建综合性演艺集团公司，延伸和完善产业链。选择部分成长性好、竞争力强的大型国有或国有控股演艺企业，加大扶持力度，鼓励其以资本为纽带，开展跨地区兼并、重组，成为善于利用国内国外两种资源、积极开拓国内国外两个市场的演艺业主导力量。支持民营企业参与国有文艺演出院团转企改制和股份制改造，打造跨所有制、跨业态的大型演艺企业。

8. 把结构调整作为深化国有文艺演出院团体制改革的重要内容。按照整合资源、调整布局、优化结构、提高效益的要求，大力推进演艺资源重组，提高演艺业整体发展质量和水平。加快整合同一城市中不同层级重复设置的国有院团，暂时不具备整体合并条件的，可

以剥离经营性资产共同组建演艺企业。对无演出能力、长期完全依赖财政补贴生存的国有院团，核销其单位建制，符合条件的人员可按相关规定充实到文化馆、群艺馆等公益性文化单位。对演出剧（曲）种被列入国家级非物质文化遗产名录，且目前市场化程度较低的地方重点国有院团，可以与相关的公益性文化单位合并，原有财政资金用于扶持剧（曲）种传承和公益性展演活动。

9. 积极推进县级院团体制改革。借鉴农村电影放映工程的有关做法，采取企业经营、市场运作、政府购买服务、基层群众受惠的方式，按照"试点先行、逐步推开"的方针，推进县级院团转企改制，加强政府扶持，培育市场主体，探索农村演艺服务供给的新模式。

10. 深化保留事业体制院团的内部机制和管理制度改革。按照面向市场、转换机制、增强活力、改善服务的要求，着力提高事业院团市场适应能力和发展活力。深化人事、社会保障和内部收入分配制度改革，完善激励和约束机制。改进财政投入方式，建立健全绩效考评体系，增强群众评价在考评中的作用，建立考评信息公开发布制度，强化评估结果与单位财政拨款、干部任用的联系。保留事业体制院团，须报经同级人民政府和上级文化行政主管部门批准。

四、深化国有文艺演出院团体制改革的宏观环境建设

11. 加快推进宏观管理体制改革。推动文化行政管理部门逐步实现由办文化为主向管文化为主转变，由管微观向管宏观转变，由主要面向直属单位转为面向全社会，强化政策调节、市场监管、社会管理和公共服务职能。积极推动演艺领域国有文化资产监管体制改革，切实推进政企分开、政事分开、管办分离。支持民营文艺表演团体与国有院团平等竞争、共同发展。

12. 建立文艺演出院团和演艺产品的新型评价体系。打破事业、企业界限，消除国有、民营差别，不论行政级次，以艺术生产水平、群众欢迎程度和市场表现作为评价标准，确定重点院团，由国家予以扶持。改进现行评奖机制，扩大群众对文艺评奖的参与面，合理增加经济效益在评选指标中的比重。规范并适当压缩演艺评奖活动，完善其审批、登记、备案等制度。

13. 完善演艺市场流通体系。建设资源共享的演出院线体系和互联互通的演出票务系统，打破条块分割、地区封锁、城乡分离的市场格局，实现生产要素合理流动和资源优化配置。加强行业组织建设，发挥其在行业自律、资格认定、经营指导、权益保障等方面的积极作用。发展和完善经纪、代理、评估、推介、咨询等中介机构，推行面向演艺领域的专业化、社会化服务。加大知识产权保护力度，维护演艺市场秩序。

五、深化国有文艺演出院团体制改革的政策支持

14. 加大对转企改制院团的扶持力度。充分考虑国有文艺演出院团大多底子薄、包袱重、体量小的现状，对率先转企改制的院团给予倾斜，帮助其优先获得发展资源，尽快做大做强。大力改善转企改制院团生产经营基本条件，以新建、改造、委托经营、租赁等多种形式，为转企改制院团配备相对固定的演出场所。支持转企改制院团与新闻媒体开展各种形式的合作，拓展发展空间。通过政府采购、场次补贴等方式，吸引转企改制院团提供公益性演艺服务。在同等条件下，政府有关文化活动采购项目可优先吸纳转企改制院团参加竞标。

15. 拓宽转企改制院团资金筹集渠道。用足用好支持文化体制改革和文化产业发展的有关经济政策，推动各项政策性资金及时足额到位。积极争取有关部门支持，确保院团转企改制后原有正常事业费继续拨付，并通过文化产业发展资金等予以支持。推进有条件的地方探索建立文化艺术发展基金，采取项目补贴、定向资助、贷款贴息和以奖代补等办法，加大对转企改制院团的资金支持力度，重点扶持精品创作生产和人才培养。鼓励各地采取多种方式为转企改制院团搭建投融资平台，完善演艺产业投融资体系。完善鼓励企业、个人捐赠文艺演出院团的税收减免政策，有效调动社会力量资助文艺演出院团的积极性。

16．切实保障广大演职员工权益。按照新人新办法、老人老办法的原则，鼓励各地结合实际、大胆探索，采取灵活多样的办法，妥善解决转企改制院团人员安置问题。自工商登记之日起，转企改制院团与在职职工签订企业劳动合同，实行企业用工制度和收入分配制度。研究制定符合演艺职业特点的转岗政策。对转企改制院团中有特殊贡献的演职员工，可探索实行期股期权等激励机制和办法，支持转企改制院团股份制改造时按照规范的办法吸收职工参股购股。积极争取有关部门支持，通过包括企业年金在内的多层次养老保障体系，解决转企改制后的养老待遇水平衔接问题。对于年龄偏大、确有困难的演艺人员，可安排到博物馆、图书馆、文化馆、社区文化活动中心等文化单位，充实基层文化工作队伍。

17．建立对经济欠发达地区国有文艺演出院团的文化援助机制。加大对西部和少数民族地区国有文艺演出院团体制改革的资金支持。鼓励东部地区与中西部地区文艺演出院团加强交流与合作。推动制定相关优惠政策，吸引符合条件的大学毕业生、志愿者到西部和少数民族地区从事演艺服务。

六、深化国有文艺演出院团体制改革的组织领导

18．进一步解放思想、转变观念。深入学习实践科学发展观，不断增强文化体制改革的责任感紧迫感，着力转变那些不适应不符合文化科学发展的思想观念，牢固树立和落实新的文化发展理念。充分考虑文化的意识形态特点和社会主义精神文明建设的需要，适应社会主义市场经济发展的要求，遵循文化艺术自身发展规律，锐意进取，大胆探索，全面推进国有文艺演出院团体制机制创新。充分发挥党组织的政治保障作用，团结和带领工会、共青团等群众组织，开展深入细致的思想政治工作，使广大演职员工自觉支持改革、参与改革。

19. 建立健全领导体制和工作机制。按照"党委统一领导、政府组织实施、宣传部门协调指导、文化行政主管部门具体落实、相关部门密切配合"的要求，在本级文化体制改革工作领导小组指导下，组建工作机构，负责国有文艺演出院团体制改革工作。加强组织领导，加快制定和完善工作制度，强化统筹协调，形成上下联动、高效运转的工作机制，切实解决改革中的实际困难和问题。充分发挥新闻媒体的作用，认真做好宣传动员工作，及时推广改革典型和成功经验。

20. 推动建立目标责任制。各省、自治区、直辖市（新疆、西藏除外）要制定本地国有文艺演出院团体制改革工作方案，明确工作进度，细化目标任务，抓紧组织实施。要把国有文艺演出院团改革发展纳入党委、政府重要工作议程，纳入对有关负责干部的考核考察。中央各部门各单位所属文艺演出院团要努力在改革中走在前列，发挥示范作用。中宣部、文化部将开展督促检查，表彰奖励改革力度大、效果好的地区和单位，对动作迟缓的地区和单位提出限期改进要求。

二〇〇九年七月二十七日

9. 财政部 国家税务总局 中宣部
关于转制文化企业名单及认定问题的通知

(财税[2009]105号)

各省、自治区、直辖市、计划单列市党委宣传部、财政厅（局）、国家税务局、地方税务局，新疆生产建设兵团财务局：

根据《国务院办公厅关于印发文化体制改革中经营性文化事业单位转制为企业和支持文化企业发展两个规定的通知》（国办发[2008]114号）精神，以及《财政部国家税务总局关于文化体制改革中经营性文化事业单位转制为企业的若干税收政策问题的通知》（财税[2009]34号）的规定，现就转制文化企业名单及认定问题通知如下：

一、2008年12月31日之前已经审核批准执行《财政部海关总署国家税务总局关于文化体制改革中经营性文化事业单位转制后企业的若干税收政策问题的通知》（财税[2005]1号）的转制文化企业，2009年1月1日至2013年12月31日期间，相关税收政策按照财税[2009]34号文件的规定执行。本条所称转制文化企业包括：

（一）根据《财政部海关总署国家税务总局关于发布第一批不在文化体制改革试点地区的文化体制改革试点单位名单的通知》（财税[2005]163号）、《财政部海关总署国家税务总局关于公布第二批不在试点地区的文化体制改革试点单位名单和新增试点地区名单的通知》（财税[2007]36号）和《财政部海关总署国家税务总局关于发布第三批不在试点地区的文化体制改革试点单位名单的通知》（财税[2008]25号），由财政部、海关总署、国家税务总局分批发布的不在试点地区的试点单位。

（二）由北京市、上海市、重庆市、浙江省、广东省及深圳市、沈阳市、西安市、丽江市审核发布的试点单位，包括由中央文化体制改革工作领导小组办公室提供名单，由北京市发布的中央在京转制试点单位。

（三）财税[2007]36号文件规定的新增试点地区审核发布的试点单位。

上述转制文化企业名称发生变更的，如果主营业务未发生变化，持原认定的文化体制改革工作领导小组办公室出具的同意更名函，到主管税务机关履行更名手续；如果主营业务发生变化，依照本通知第二条规定的条件重新认定。

二、从2009年1月1日起，需认定享受财税[2009]34号文件规定的相关税收优惠政策的转制文化企业应同时符合以下条件：

（一）根据相关部门的批复进行转制。中央各部门各单位出版社转制方案，由中央各部门各单位出版社体制改革工作领导小组办公室批复；中央部委所属的高校出版社和非时政类报刊社的转制方案，由新闻出版总署批复；文化部、广电总局、新闻出版总署所属文化事业单位的转制方案，由上述三个部门批复；地方所属文化事业单位的转制方案，按照登记管理权限由各级文化体制改革工作领导小组办公室批复；

（二）转制文化企业已进行企业工商注册登记；

（三）整体转制前已进行事业单位法人登记的，转制后已核销事业编制、注销事业单位法人；

（四）已同在职职工全部签订劳动合同，按企业办法参加社会保险；

（五）文化企业具体范围符合《财政部海关总署国家税务总局关于支持文化企业发展若干税收政策问题的通知》（财税[2009]31号）附件规定；

（六）转制文化企业引入非公有资本和境外资本的，须符合国家法律法规和政策规定；变更资本结构的，需经行业主管部门和国有文化资产监管部门批准。

三、中央所属转制文化企业的认定，由中宣部会同财政部、国家税务总局确定并发布名单；地方所属转制文化企业的认定，按照登记管理权限，由各级宣传部门会同同级财政厅（局）、国家税务局和地方税务局确定和发布名单，并逐级备案。

四、经认定的转制文化企业，可向主管税务机关申请办理减免税手续，并向主管税务机关备案以下材料：

（一）转制方案批复函；

（二）企业工商营业执照；

（三）整体转制前已进行事业单位法人登记的，需提供同级机构编制管理机关核销事业编制、注销事业单位法人的证明；

（四）同在职职工签订劳动合同、按企业办法参加社会保险制度的证明；

（五）引入非公有资本和境外资本、变更资本结构的，需出具相关部门的批准函；

五、未经认定的转制文化企业或转制文化企业不符合本通知规定的，不得享受相关税收优惠政策。已享受优惠的，主管税务机关应追缴其已减免的税款。

六、本通知适用于经营性文化事业单位整体转制和剥离转制两种类型。

（一）整体转制包括：（图书、音像、电子）出版社、非时政类报刊社、新华书店、艺术院团、电影制片厂、电影（发行放映）

公司、影剧院等整体转制为企业。

（二）剥离转制包括：新闻媒体中的广告、印刷、发行、传输网络部分，以及影视剧等节目制作与销售机构，从事业体制中剥离出来转制为企业。

二〇〇九年八月十三日

10. 中共中央宣传部 中国人民银行 财政部 文化部 广电总局 新闻出版总署 银监会 证监会 保监会 关于金融支持文化产业振兴和发展繁荣的指导意见

(银发[2010]94号)

各省、自治区、直辖市党委宣传部，中国人民银行上海总部、各分行、营业管理部、各省会（首府）城市中心支行，各省、自治区、直辖市财政厅（局）、文化厅（局）、广播影视局、新闻出版局、银监局、证监局、保监局，各政策性银行、国有商业银行、股份制商业银行、中国邮政储蓄银行：

为贯彻落实《国务院关于印发文化产业振兴规划的通知》（国发[2009]30号）精神，进一步改进和提升对我国文化产业的金融服务，支持文化产业振兴和发展繁荣，现提出以下指导意见。

一、充分认识金融支持文化产业发展的重要意义

（一）文化产业快速发展迫切需要金融业的大力支持。金融是现代经济的核心，在全面建设小康社会、加快现代化建设的进程中，金融引导资源配置、调节经济运行、服务经济社会，对国民经济的持续、健康、稳定发展具有重要作用。文化产业是国民经济的重要组成部分，近年来，中央实施重要战略部署和政策措施，深化文化体制改革，加快发展文化产业、文

化产业呈现出良好的发展态势，正成为经济发展新的增长点，在保增长、扩内需、调结构、促发展中发挥着重要作用。加大金融业支持文化产业的力度，推动文化产业与金融业的对接，是培育新的经济增长点的需要，是促进文化大发展大繁荣的需要，是提高国家文化软实力和维护国家文化安全的需要。各金融部门要把积极推动文化产业发展作为一项重要战略任务，作为拓展业务范围、培育新的盈利增长点的重要努力方向，大力创新和开发适合文化企业特点的信贷产品，努力改善和提升金融服务水平，促进我国文化产业实现又好又快发展。

二、积极开发适合文化产业特点的信贷产品，加大有效的信贷投放

（二）推动多元化、多层次的信贷产品开发和创新。对于处于成熟期、经营模式稳定、经济效益较好的文化企业，要优先给予信贷支持。积极开展对上下游企业的供应链融资，支持企业开展并购融资，促进产业链整合。对于具有稳定物流和现金流的企业，可发放应收账款质押、仓单质押贷款。对于租赁演艺、展览、动漫、游戏，出版内容的采集、加工、制作、存储和出版物物流、印刷复制，广播影视节目的制作、传输、集成和电影放映等相关设备的企业，可发放融资租赁贷款。建立文化企业无形资产评估体系，为金融机构处置文化类无形资产提供保障。对于具有优质商标权、专利权、著作权的企业，可通过权利质押贷款等方式，逐步扩大收益权质押贷款的适用范围。

（三）积极探索适合文化产业项目的多种贷款模式。对于融资规模较大、项目较多的文化企业，鼓励商业银行以银团贷款等方式提供金融支持。探索和完善银团贷款的风险分担机制，加强金融机构之间的合作，有效降低单个金融机构的信贷风险。对处于产业集群或产业链中的中小文化企业，鼓励商业银行探索联保联贷等方式提供金融支持。

三、完善授信模式，加强和改进对文化产业的金融服务

（四）完善利率定价机制，合理确定贷款期限和利率。各金融机构应在风险可控、商业可持续原则的基础上，根据不同文化企业的实际情况，建立符合监管要求的灵活的差别化定价机制。针对部分文化产业项目周期特点和风险特征，金融机构可根据项目周期的资金需求和现金流分布状况，科学合理确定贷款期限。对于列入国家规划重点支持的文化产业项目或企业，金融机构在有效防范风险的基础上可适当延长贷款期限。

（五）建立科学的信用评级制度和业务考评体系。各金融机构在确定内部评级要素，设计内部评级指标体系、评级模型和计分标准的过程中，应充分考虑文化企业的特点，建立和完善科学、合理的信用评级和信用评分制度。要充分借鉴外部评级报告，建立内外部评级相结合的评级体系。要进一步改进和完善业务考评程序和考核方法，建立专门针对文化产业金融服务的考评体系，将加强信贷风险管理和积极促进文化产业发展相结合，建立正向激励机制。在落实工作责任和考核整体质量及综合回报的基础上，对中小文化企业的贷款项目，根据实际情况和有关规定追究或免除有关责任人的相应责任，做到尽职者免责，失职者问责。

（六）进一步改进和完善对文化企业的金融服务。各金融机构要增强服务意识，设立专家团队和专门的服务部门，主动向文化企业提供优质的金融服务。对于国家重点支持的文化企业和项目，要优化简化审批流程，提高贷款审批效率。在满足金融机构授信客户准入标准的前提下，可对举办培训的企业和接受培训的人员予以信贷支持。银行业金融机构与非银行金融机构应积极加强合作，综合利用多种金融业务和金融产品，推

出信贷、债券、信托、基金、保险等多种工具相融合的一揽子金融服务，做好文化企业从初创期到成熟期各发展阶段的融资方式衔接。

（七）积极开发文化消费信贷产品，为文化消费提供便利的支付结算服务。各金融机构应积极培育文化产业消费信贷市场，通过消费信贷产品创新，不断满足文化产业多层次的消费信贷需求。可通过开发分期付款等消费信贷品种，扩大对演艺娱乐、会展旅游、艺术品和工艺品、动漫游戏、数字产品、创意设计，图书、报刊、音像制品、电子出版物、网络出版、数字出版等出版产品与服务、印刷、复制、发行，高清电视、付费广播电视、移动多媒体广播电视、电影产品等综合消费信贷投放。加强网上银行业务推广，提高软件、网络及计算机服务，设计服务和休闲娱乐等行业的网络支付应用水平。进一步发挥人民银行支付清算和征信系统的作用，加快完善银行卡刷卡环境，推动文化娱乐、广播影视、新闻出版、旅游广告、艺术品交易等行业的刷卡消费，促进文化市场的繁荣发展。

（八）继续完善文化企业外汇管理，提高文化产业贸易投资便利程度。便利文化企业的跨境投资，满足文化企业对外贸易、跨境融资和投资等合理用汇需求，提高外汇管理效率，简化优化外汇管理业务流程，促进文化企业提高外汇资金使用效率，降低财务成本，提高我国文化企业核心竞争力。

四、大力发展多层次资本市场，扩大文化企业的直接融资规模

（九）推动符合条件的文化企业上市融资。支持处于成熟期、经营较为稳定的文化企业在主板市场上市。鼓励已上市的文化企业通过公开增发、定向增发等再融资方式进行并购和重组。探索建立宣传文化部门与证券监管部门的项目信息合作机制，加强适合于创业板市场的中小文化企业项目的筛选和储备，支持其中符合条件的企业上市。

（十）支持文化企业通过债券市场融资。支持符合条件的文化企业通过发行企业债、集合债和公司债等方式融资。积极发挥中债信用增进投资股份有限公司等专业机构的作用，为中小文化企业通过发行短期融资券、中期票据、集合票据等方式融资提供便利。对符合国家政策规定的中小文化企业发行直接债务融资工具的，鼓励中介机构适当降低收费，减轻文化企业的融资成本负担。对于运作比较成熟、未来现金流比较稳定的文化产业项目，可以以优质文化资产的未来现金流、收益权等为基础，探索开展文化产业项目的资产证券化试点。

（十一）鼓励多元资金支持文化产业发展。发挥保险公司机构投资者作用和保险资金融资功能，在风险可控的前提下，鼓励保险公司投资文化企业的债权和股权，引导符合条件的保险公司参与文化产业投资基金。适当放宽准入条件，鼓励风险投资基金、私募股权基金等风险偏好型投资者积极进入处于初创阶段、市场前景广阔的新兴文化业态。

五、积极培育和发展文化产业保险市场

（十二）进一步加强和完善保险服务。在现有工作基础上，各保险机构应根据文化企业的特点，积极开发适合文化企业需要的保险产品，并按照收益覆盖风险的原则合理确定保险费率。对于宣传文化部门重点扶持的文化企业和文化产业项目，应建立承保和理赔的便捷通道，对于信誉好、风险低的，可适当降低费率。加快培育和完善文化产业保险市场，提高保险在文化产业中的覆盖面和渗透度，有效分散文化产业的项目运作风险。

（十三）推动保险产品和服务方式创新。各保险机构应在现有保险产品的基础上，探索开展知识产权侵权险，演艺、会展、动漫、游戏、各类出版物的印刷、复制、发行和广播影视产品完工险、损失险，团体意外伤害保险等适合文化企业特点和需要的新型险种和各种保险业务。鼓励保险公司探索开展信用保险业务，弥补现行信用担保体制在支持服务业融资方面的不足。进一步加强和完善针对文化出口企业的保险服务，对于符合《文化产品和服务出口指导目录》条件，特别是列入《国家文化出口重点企业目录》和《国家文化出口重点项目目录》的文化出口企业和项目，保险机构应积极提供出口信用保险服务，鼓励和促进文化企业积极参与国际竞争。

六、建立健全有利于金融支持文化产业发展的配套机制

（十四）推进文化企业建立现代企业制度，完善公司治理结构。按照创新体制、转换机制、面向市场、增强活力的原则，推动文化企业建立现代企业制度，引入现代公司治理机制和现代企业财务会计制度，规范会计和审计流程，提高信息披露透明度，增强财务管理能力，为金融支持文化产业发展奠定良好的制度基础。

（十五）中央和地方财政可通过文化产业发展专项资金等，对符合条件的文化企业，给予贷款贴息和保费补贴。支持设立文化产业投资基金，由财政注资引导，鼓励金融资本依法参与。

（十六）建立多层次的贷款风险分担和补偿机制。鼓励各类担保机构对文化产业提供融资担保，通过再担保、联合担保以及担保与保险相结合等方式多渠道分散风险。研究建立企业信用担保基金和区域性再担保机构，以参股、委托运作和提供风险补偿等方式支持担保机构的设立与发展，服务文化产业融资需求。探索设立文化企业贷款风险补偿基金，合理分散承贷

银行的信贷风险。

（十七）完善知识产权法律体系，切实保障各方权益。抓紧制定和完善专利权、著作权等无形资产评估、质押、登记、托管、流转和变现的管理办法，根据《中华人民共和国物权法》修订有关质押登记规定。积极培育流转市场，充分发挥上海文化产权交易所、深圳文化产权交易所等交易平台的作用，为文化企业的著作权交易、商标权交易和专利技术交易等文化产权交易提供专业化服务。进一步加强对文化市场的有效监管和知识产权保护力度，完善各类无形资产二级交易市场，切实保障投资者、债权人和消费者的权益。

七、加强政策协调和实施效果监测评估

（十八）加强信贷政策和产业政策的协调。制定并定期完善《文化产业投资指导目录》，发布更新文化产业发展的项目信息。加大对符合产业政策导向的文化企业的信贷支持，对纳入《文化产业投资指导目录》"鼓励类"的文化产业项目，金融机构优先予以信贷支持，对"限制类"的文化产业项目要从严审查和审批贷款。

（十九）建立多部门信息沟通机制，搭建文化产业投融资服务平台。建立文化企业投融资优质项目数据库，通过组织论坛、研讨会、洽谈会等形式，加强文化项目和金融产品的宣传、推介，促进银、政、企合作，对纳入数据库并获得宣传文化部门推荐的优质项目，金融机构应重点支持。

（二十）加强政策落实督促评估。人民银行各分支机构会同同级宣传文化、财政、银监、证监、保监等部门，根据本指导意见精神，结合辖区实际，制定和完善金融支持文化产业发展的具体实施意见或办法，切实抓好贯彻实施工作。各金融机构要逐步建立和完善金融支持文化产业发展的专项统计制度，加强对文化产业贷款的统计与监测分析。人民银行各分支机构可根据辖区实际情况，建立金融支持文化产业发展的专项信贷政策导向效果评估制度。

二〇一〇年三月十九日

11. 中国保险监督管理委员会 文化部
关于保险业支持文化产业发展有关工作的通知

（保监发[2010]109号）

各保监局，各省、自治区、直辖市文化厅（局），新疆生产建设兵团文化局，各计划单列市文化局，各中资保险公司：

为贯彻落实党的十七届五中全会精神，深入实施《国务院关于印发文化产业振兴规划的通知》（国发[2009]30号）和《国务院关于保险业改革发展的若干意见》（国发[2006]23号），根据中央宣传部、中国人民银行、财政部、文化部、广电总局、新闻出版总署、银监会、证监会、保监会《关于金融支持文化产业振兴和发展繁荣的指导意见》（银发[2010]94号）等文件的有关规定和要求，现将保险业支持和服务文化产业发展有关工作通知如下：

一、高度重视，积极培育和发展文化产业保险市场

党的十七届五中全会指出，要推动文化大发展大繁荣、提升国家文化软实力，繁荣发展文化事业和文化产业，推动文化产业成为国民经济支柱性产业。国家制定的《文化产业振兴规划》也指出，文化产业是市场经济条件下繁荣发展社会主义文化的重要载体，是满足人民群众多样化、多层次、多方面精神文化需求的重要途径，也是推动经济结构调整、转变经济发展方式的重要着力点。近年来，文化产业已成为经济发展新的增长点和国民经济的重要组成部分。

金融是现代经济的核心。作为现代金融业的重要组成部分，保险具有经济补偿、资金融通和社会管理功能，是市场经济条件下风险管理的基本手段，在促进改革、保障经济、稳定社会、造福人民等方面有着重要作用。保险业通过提供风险保障、推出便捷服务、发挥投融资功能，支持文化产业发展繁荣，不仅有利于推动文化产业又好又快发展，而且有利于拓宽保险服务领域、扩大保险覆盖面，培育新的增长点。保险机构要切实提高认识，积极培育和发展文化产业保险市场，努力开拓新的保险服务领域，服务文化产业振兴和发展繁荣。

二、开拓创新，大力开发服务文化产业发展的保险产品

按照《关于金融支持文化产业振兴和发展繁荣的指导意见》要求，保险机构要积极推进文化产业保险的创新发展，努力开发适合文化企业特点和文化产业需要的保险产品，逐步建立文化产业保险市场运行机制和制度。在现有传统财产保险业务的基础上，保监会和文化部将共同组织开发、分批确定文化产业保险险种，并推进有关试点工作，有重点地推动当前文化产业保险市场发展。第一批试点险种和公司见附件，试点经营期限为两年。与试点险种承保责任性质相近并符合文化企业特定需求的险种，列入试点工作支持范围。

支持寿险公司积极开发为文化企业提供人才激励配套的养老和医疗保险产品。鼓励其他保险公司积极开发适合文化企业特点和文化产业需要的保险产品，共同促进文化产业保险的创新发展。

三、优化管理，提升促进文化产业发展的保险服务水平

对于文化主管部门重点扶持的文化企业和文化产业项目，保险机构要着眼于有效分散风险，加强经营管理工作，提高工作效率和服务质量，建立文化产业保险承保和理赔的便捷通道。同时，建立文化产业保险风险数据库，按照收益覆盖风险的原则合理确定保险费率；对于信誉好、风险低的文化企业和文化产业项目，适当降低费率。

中国出口信用保险公司对于符合《文化产品和服务出口指导目录》条件、文化主管部门重点扶持的文化出口企业和项目，应给予积极的支持。加快出口信用保险和海外投资保险服务创新，推动文化产业出口和海外投资业务的信用保险承保，防范化解文化产品、服务和文化企业"走出去"中的政治风险和商业风险，促进文化企业海外投融资业务发展。

鼓励保险机构为文化企业制订一揽子保险计划，提供"一站式"服务。支持保险公司深入进行相关行业风险研究，协助文化企业制定风险管理措施，提升风险预防水平，减少事故发生频率和损失程度。

鼓励文化企业和保险公司采用保险中介服务，支持设立专门为文化企业服务的保险中介机构，支持现有保险中介机构经营文化产业保险产品。支持专业、权威的文化产业评估、鉴定服务机构，为文化产业保险市场发展提供服务。

四、改进服务，发挥保险支持文化产业发展的融资功能

发挥保险资金的融通功能和保险公司机构投资者作用，在遵循市场原则和风险可控的前提下，鼓励保险公司投资文化企业发行的债券，支持符合条件的保险公司投资符合条件的文化产业投资基金。

加强相互合作，保险机构可与信贷、债券、信托、基金等多种金融工具相结合，为文化企业提供一揽子金融服务。鼓励保险公司探索开展信用保险业务，弥补现行信用担保体制在支持文化产业融资方面的不足。

五、加强协调，建立保险支持文化产业发展的配套机制

各级文化主管部门要加强与保险监管部门的合作，主动与当

地保险机构进行沟通交流，掌握并主动提供产业发展的政策和数据信息，宣讲本地区文化产业发展的现状、特点和重点，争取保险机构相应的支持。指导和协调本地区的文化机构和企业，引导其建立现代企业制度，引入现代公司治理机制和财务会计制度，规范会计和审计流程，提高信息披露透明度，为保险支持文化产业发展奠定良好制度基础。整合文化产业和保险资源，进一步完善"文化部文化产业投融资公共服务平台"功能，研究开发文化产业保险业务的网络受理系统。

各级文化主管部门和保险机构要注意借鉴国内外开展文化产业保险业务的经验和做法，通过调研论证、培训座谈等多种形式，积极宣传和动员本地区文化企业参与保险、运用保险手段分散风险，加强文化产业项目推介工作，不断完善保险支持文化产业发展的各项措施。同时，认真做好文化产业保险试点情况的统计和监测分析，并及时向保监会和文化部报告。

各级文化主管部门要加强与中央和地方财政部门的沟通与协调，争取有关政策支持。

附件：第一批文化产业保险试点险种及公司

二〇一〇年十二月二十九日

附件：第一批文化产业保险试点险种及公司

一、试点险种：

1. 演艺活动财产保险

2. 演艺活动公众责任保险

3. 演艺活动取消保险

4. 演艺人员意外和健康保险

5. 展览会综合责任保险

6. 艺术品综合保险

7. 动漫游戏企业关键人员意外和健康保险

8. 动漫游戏企业关键人员无法从业保险

9. 文化企业信用保证保险

10. 文化企业知识产权侵权保险

11. 文化活动公共安全综合保险

二、试点公司：

1. 中国人民财产保险股份有限公司

2. 中国太平洋财产保险股份有限公司

3. 中国出口信用保险公司

12. 中共中央宣传部 文化部
关于加快国有文艺院团体制改革的通知

(文政法发[2011]22号)

各省、自治区、直辖市党委宣传部、文化厅（局），新疆生产建设兵团党委宣传部、文化广播电视局，各计划单列市党委宣传部、文化局：

按照中央关于"加大力度、加快进度、巩固提高、重点突破、全面推进"的总要求，为加快国有文艺院团体制改革，现将有关工作通知如下：

一、进一步明确改革任务

加快国有文艺院团体制改革，是党中央确定的文化体制改革重点任务。贯彻落实中央的决策部署，对于解放和发展文化生产力，发挥国有文艺院团在演艺市场的主导作用，满足人民群众不断增长的精神文化需求，推动社会主义文化大发展大繁荣具有重要的战略意义。党的十六大以来，国有文艺院团解放思想，大胆实践，积极推进体制机制创新，取得明显进展。但与中央的要求相比，改革进程仍相对滞后，人员老化、演出少、缺乏活力的状况并没有根本改变，适应市场、服务群众的体制机制还没有形成。必须以科学发展观为指导，进一步解放思想、转变观念，把思想统一到中央的决策部署上来，以高度的责任感和紧迫感，抓住机遇、攻坚克难，加大力度、加快进度，积极推动国有文艺院团体制改革取得突破性进展，确保在2012年上半年之前完成改革任务。

　　按照区别对待、分类指导的原则，根据国有文艺院团的不同性质和功能，明确不同的改革任务。中央文化体制改革工作领导小组已确定少数保留事业单位性质的院团（名单附后），其他国有文艺院团（不含新疆、西藏地区）都要转制为企业。鼓励已列入名单的保留事业单位性质院团转企改制。今后原则上不得新设或恢复事业单位性质的文艺院团。

　　国有文艺院团转制改革，要严格标准、规范操作，按照现代企业制度要求，完善法人治理结构，建立充分体现艺术规律的经营管理体制。要完成企业工商注册登记，核销事业编制，注销事业单位法人，同职工签订劳动合同，按照企业办法参加社会保险。要把转制改革和资源整合、结构调整结合起来，同城不同层级的同类国有文艺院团，原则上要予以合并。鼓励转制文艺院团以资本为纽带跨区域、跨所有制兼并重组，培育演艺产业的骨干企业和战略投资者。

　　不具备进入市场条件、不再保留建制的国有文艺院团，可提出注销申请，报同级文化行政部门和编制管理部门批准，依法履行注销手续。地方戏曲、曲艺等国有文艺院团中，演出剧（曲）种属濒危稀有且具有重要文化遗产价值的，经批准可不再保留文艺院团建制，允许其转为公益性的保护传承机构，或将相关保护传承职能连同相关人员、编制和经费转入当地文化馆、群艺馆、艺术院校、艺术研究院所等机构，专门从事研究、传承和展演。

　　保留事业单位性质的国有文艺院团，要按照"政府扶持、转换机制、面向市场、增强活力"的方针，深化内部机制改革，形成自我发展的活力，在面向市场、服务群众的过程中不断发展壮大。

　　二、加大政策保障力度

　　要加大对国有文艺院团转制的政策扶持力度，中央已经出台的支持文化体制改革和文化产业发展的各项政策，适用于转制文艺院团。各地要结合实际，制定更具操作性、更加优惠的地方性政策。积极支持国有文艺院团通过改革，解决长期以来欠账多、底子薄、包袱重、发展后劲不足等突出问题，增强转制文艺院团的发展实力和活力。

国有文艺院团转制前由各级财政安排的正常事业经费，转制后在一定期限内继续拨付。中央财政和地方财政通过安排文化产业发展专项资金、宣传文化发展专项资金等渠道，对转制文艺院团重点产业发展项目予以支持，分批为县级转制文艺院团配备流动舞台车、交通车，资助转制文艺院团更新设备、改善排练和演出条件。鼓励以政府购买服务或按场次补贴等方式，支持转制文艺院团深入基层、深入群众，培育和引导农村演艺市场。以政府采购或资助方式举办的政策宣传性演出活动、重大节庆演出活动、对外文化交流、慰问演出等，在同等条件下，优先安排转制文艺院团承办或参演。国家非物质文化遗产保护专项资金，要向承担非物质文化遗产保护任务的转制院团倾斜，鼓励生产性保护。

国有文艺院团转制前支配或使用的国有资产（含土地），转制后作为其国家资本注入。工商登记注册时货币出资达不到标准的，财政部门或国有文化资产管理机构应予补足。

国有文艺院团转制后按企业办法参加社会保险，做好社会保障政策衔接，采取有效措施解决好企业与事业单位退休待遇差问题。转制前已经离退休人员的离退休待遇标准不变，待遇支付和调整执行国家相关规定。对转制前参加工作、转制后退休人员的退休待遇差问题，要通过加快收入分配改革、建立企业年金、加发养老金补贴等多种方式予以解决。

国有文艺院团经批准停办退出的，要做好资产财务清算和人员分流安置工作，切实保全国有资产，保障职工的合法权益，确保社会稳定。充分尊重演职人员的择业意愿，拓宽转岗途径，加强转岗培训，经考核可充实到文化馆（站）、群众艺术馆等公益性文化单位，也可安排其从事城市社区和农村文化辅导以及中小学艺术教育等文化普及工作。经协商一致自谋职业的，依照国家有关规定支付经济补偿、接续社会保险关系。临时聘用人员，要按照有关规定处理。

积极发展多层次、多业态的演出场所。加大改造、新建剧场的力度，以配置、租赁、委托管理等多种方式提供给转制文艺院团使用。鼓励通过建立演出院线等形式整合转制文艺院团的剧场和剧目资源，提高演艺产业的规模化、集约化水平。

鼓励和支持各种所有制的企业以控股、参股、并购、重组等方式，积极参与国有文艺院团改革。鼓励艺术名家和其他演职人员以个人持股的方式参与转制院团的股份制改造。

三、切实加强组织领导

国有文艺院团改革政治性、政策性强，各级党委宣传、文化行政部门要高度重视，纳入重要议事日程，切实加强组织领导。各地党委宣传部门要在文化体制改革工作领导小组的领导下，协调指导本地区国有文艺院团体制改革工作，统筹安排、周密部署，强化保障措施，推动各项改革任务的落实。文化行政部门要切实担负起组织实施本地区国有文艺院团体制改革的职责，按照本通知精神，深入调查研究，抓紧制定本地区国有文艺院团体制改革工作方案，明确工作要求和时间进度，确保改革任务的落实。在改革中一定要切实维护职工基本权益，充分调动职工参与改革的积极性，确保改革积极稳妥推进。

今年下半年，中宣部、文化部将联合开展对地方国有文艺院团体制改革工作的督查。2012年上半年，将对各地国有文艺院团体制改革工作进行验收。

附件：保留事业单位性质的国有文艺院团名单（略）

二〇一一年五月十一日

13. 文化部 中央组织部 中央宣传部 中央编办 发展改革委 财政部 人力资源社会保障部 税务总局 工商总局 关于支持转企改制国有文艺院团改革发展的指导意见

(文政法发[2013]28号)

各省、自治区、直辖市文化厅(局)、党委组织部、党委宣传部、编办、发展改革委、财政厅(局)、人力资源社会保障厅(局)、国家税务局、地方税务局、工商局,新疆生产建设兵团文化广播电视局、党委组织部、党委宣传部、编办、发展改革委、财政局、人力资源社会保障局,各计划单列市文化局、党委组织部、党委宣传部、编办、发展改革委、财政局、人力资源社会保障局、国家税务局、地方税务局、工商局:

国有文艺院团是繁荣社会主义文艺的中坚力量。演艺业是极具再开发能力和产品衍生潜力的核心文化产业,演艺企业和演艺市场的发展对推动文化产业成为国民经济支柱性产业具有重要作用。近年来,在党中央、国务院的正确领导下,国有文艺院团顺利完成体制改革阶段性任务。随着大部分国有文艺院团转化为市场主体,以企业为主体、事业为补充,面向市场、面向群众的新型演艺体制格局已经形成,为我国演艺业实现跨越式发展奠定了坚实的基础。但是,当前我国演艺市场发育程度还比较低,大部分转企改制国有文艺院团(以下简称转制院团)底子薄、包袱重、经费自给率低、赢利能力弱，转制后面临巨大的生存发展压力。为深入贯彻落实党的十八大精神和十七届六中全会的有关部署，支持转制院团改革发展，提升我国演艺业发展水平，促进社会主义文化大发展大繁荣，现提出以下意见。

一、落实和强化对转制院团的政策扶持

（一）落实转制院团土地使用政策。转制院团使用的原划拨土地用途符合《划拨用地目录》的，经所在地县级以上人民政府批准，可仍以划拨方式使用；不符合《划拨用地目录》的，应依法办理土地有偿使用手续，经评估确定后，以作价出资（入股）等方式处置，转增国家资本。相关职能部门要采取切实可行的措施，帮助转制院团依法办理土地使用手续。

（二）加大财税扶持力度。国有文艺院团转制后原有的正常事业费继续拨付，主要用于解决转制前已经离退休人员的社会保障问题。将转制院团纳入文化产业发展专项资金支持范围，中央和地方设立的其他有关专项资金和基金，要向符合条件的转制院团倾斜，主要用于支持转制院团的发展和创新项目。财政部门安排一定的资金，通过政府购买服务、项目补贴、定向资助、以奖代补等方式，鼓励和引导转制院团参与公共文化服务。建立健全财政投入激励约束机制，把实现良好社会效益和经济效益作为财政扶持的重要标准，提高财政资金使用效益。落实税收优惠政策，转制院团可按现行税收政策规定享受有关税收优惠政策。

（三）改善转制院团排练、演出条件。鼓励通过置换、改造现有闲置建筑等方式，为各转制院团解决排练场所问题。采取灵活的产权形式，或以政府购买演出场所的演出时段、提供场租补贴等形式，为各转制院团解决演出场所问题。为转制院团配置的剧场应主要用于演艺项目经营，不得挪作他用，确保所配置的剧场年演出场次达到一定数量。

（四）加大演艺基础设施建设力度。多渠道筹措资金支持演艺基础设施建设，文化事业基建投资、城市建设项目征收的城市建设综合配套费，可支持带有公共文化服务职能的演艺基础设施建设。鼓励社会资本、社会团体、民办非企业单位投资中小剧场等演艺基础设施建设。鼓励发展多层次、多业态的演出场所。

（五）支持文艺演出院线建设。支持一批重点文艺演出院线企业发展，整合剧场和剧目资源，降低演出流通成本。推动主要城市演出场所连锁经营。鼓励具备条件的地区开展演艺产业集聚区建设，加快形成规模效应。鼓励转制院团特别是骨干演艺企业通过投资、联合等方式参与文艺演出院线建设。

二、促进转制院团自我发展能力建设

（六）规范国有文艺院团转企改制。国有文艺院团转企改制要规范完成清产核资、企业工商注册登记、核销事业编制、注销事业单位法人、同职工签订劳动合同、按照企业办法参加社会保险等各项任务。转制院团要不断完善企业运营机制，加快公司制股份制改造，建立现代企业制度，完善法人治理结构，鼓励一步到位实行股份制。鼓励艺术名家和其他演职人员以个人持股的方式参与转制院团的股份制改造。

（七）增强转制院团发展内生动力。转制院团要努力提升创新能力、演艺产品营销能力、资本运作能力和知识产权经营能力。强化企业内部运行机制和经营管理创新，实行市场化、企业化的经营者选用机制，努力形成符合现代企业制度要求、体现文化企业特点的资产组织形式和经营管理模式。

（八）着力培育骨干演艺企业。把转企改制与兼并重组结合起来，推动演艺资源向优质企业集中。推动转制院团跨地区、跨行业、跨所有制发展。鼓励转制院团通过股权投资、资源互补等，开展多种形式的联合。确定部分改革到位、成长性好的大型转制院团作为国有演艺企业深化改革加快发展试点单位，加强指导，重点培育，打造一批具有较强竞争力的骨干演艺企业。推动符合条件的演艺企业上市融资。

（九）扶持中小转制院团健康发展。支持中小转制院团走专、精、特发展道路，尽快形成一批特色演艺企业。各级政府出资设立的中小企业融资担保平台，要积极为包括转制院团在内的中小演艺企业融资提供担保。鼓励金融机构在风险可控的情况下，依照市场化原则通过发放小企业贷款、权利质押贷款等方式，支持中小转制院团发展。

三、加强转制院团改革发展支撑体系建设

（十）完善工商登记注册服务。工商行政管理部门要为转制院团开展工商注册、资本投资、股权转让等提供咨询指导，方便企业顺利开展经营活动，积极参与市场竞争。允许转制院团使用原事业单位名称（去掉原主管部门）或者符合企业名称登记规定的其他名称进行登记注册。

（十一）鼓励各类资本投资演艺业。鼓励各类资本依法以投资、控股、参股、并购、重组、项目合作等多种方式，参与国有文艺院团转企改制、股份制改造和演艺经营。鼓励成立演艺业发展基金，支持演艺业发展与创新。鼓励风险投资基金、私募股权基金、各类文化产业投资基金等对转制院团及其战略性、先导性演艺项目进行投资，推动演艺投资多元化。积极培育和发展演艺业保险市场。

（十二）积极发展中介组织。发展和完善经纪、代理、评估、推介、咨询等中介机构，支持演艺产业要素交易平台建设。鼓励建立演艺企业集团、行业联盟等组织。提高演艺中介机构规范化、专业化、社会化服务的水平，促进资本、著作权、人力资源等要素的规范流动与合理配置。推动建立演艺企业测评体系，推进演艺市场主体评价。鼓励演艺企业、社会团体、社会资本等设立演艺从业人员保障公益基金，对伤残、生活困难演艺人员进行救助。

（十三）为转制院团发展提供人才支撑。对转制院团经营管理人员进行轮训，从2013年起在5年内完成对全国转制院团主要经营管理人员的分批次培训。推荐优秀演艺人才进入国家各类人才计划。宣传文化系统相关人才队伍建设工程要适当向转制院团倾斜。完善演艺人才待遇政策，健全人才培养开发、选拔使用、流动配置、激励保障机制。转制院团引进高层次人才，可享受当地高层次人才引进的相关优惠政策。通过文化名家工程、国家文化荣誉制度等，造就一批艺术名家、演艺企业管理名家。

（十四）加强转制院团党组织建设。转制院团要根据转制后企业的实际情况和工作需要，按照党章规定，经上级党组织批准，同步组建、改建或更名党的基层组织，选配好党组织负责人。转制后企业内部的党组织设置，也要随着企业组织结构和党员分布状况的变化，及时进行充实调整，充分发挥转制后企业党组织和党员的作用。按照有利于加强党的领导和开展党的工作、有利于促进企业改革发展稳定的原则，及时理顺转制后企业党组织的隶属关系，健全完善企业党组织工作制度。

各地文化行政主管部门要在同级党委、政府的统一领导下，会同本意见各相关实施部门，尽快制定贯彻落实本意见的实施方案，确保各项政策措施落到实处。中央有关部门将适时对本意见的贯彻落实情况进行督查。

二〇一三年六月五日

14. 国务院关于推进文化创意和设计服务与相关产业融合发展的若干意见

(国发〔2014〕10号)

各省、自治区、直辖市人民政府,国务院各部委、各直属机构:

近年来,随着我国新型工业化、信息化、城镇化和农业现代化进程的加快,文化创意和设计服务已贯穿在经济社会各领域各行业,呈现出多向交互融合态势。文化创意和设计服务具有高知识性、高增值性和低能耗、低污染等特征。推进文化创意和设计服务等新型、高端服务业发展,促进与实体经济深度融合,是培育国民经济新的增长点、提升国家文化软实力和产业竞争力的重大举措,是发展创新型经济、促进经济结构调整和发展方式转变、加快实现由"中国制造"向"中国创造"转变的内在要求,是促进产品和服务创新、催生新兴业态、带动就业、满足多样化消费需求、提高人民生活质量的重要途径。为推进文化创意和设计服务与相关产业融合发展,现提出以下意见。

一、总体要求

(一)指导思想。以邓小平理论、"三个代表"重要思想、科学发展观为指导,按照加快转变经济发展方式和全面建成小康社会的总体要求,以改革创新和科技进步为动力,以知识产权保护利用和创新型人力资源开发为核心,牢固树立绿色节能环保理念,充分发挥市场作用,促进资源合理配置、强化创新驱动、增强创新动力，优化发展环境，切实提高我国文化创意和设计服务整体质量水平和核心竞争力，大力推进与相关产业融合发展，更好地为经济结构调整、产业转型升级服务，为扩大国内需求、满足人民群众日益增长的物质文化需要服务。

（二）基本原则。统筹协调，重点突破。统筹各类资源，加强协调配合，着力推进文化软件服务、建筑设计服务、专业设计服务、广告服务等文化创意和设计服务与装备制造业、消费品工业、建筑业、信息业、旅游业、农业和体育产业等重点领域融合发展。根据不同地区实际、不同产业特点，鼓励先行先试，发挥特色优势，促进多样化、差异化发展。

市场主导，创新驱动。以市场为导向、企业为主体，产学研用协同，转变政府职能，加强扶持引导，实施支持企业创新政策，打破行业和地区壁垒，充分调动社会各方面积极性，促进技术创新、业态创新、内容创新、模式创新和管理创新，推进文化创意和设计服务产业化、专业化、集约化、品牌化发展，促进与相关产业深度融合，催生新技术、新工艺、新产品，满足新需求。

文化传承，科技支撑。依托丰厚文化资源，丰富创意和设计内涵，拓展物质和非物质文化遗产传承利用途径，促进文化遗产资源在与产业和市场的结合中实现传承和可持续发展。加强科技与文化的结合，促进创意和设计产品服务的生产、交易和成果转化，创造具有中国特色的现代新产品，实现文化价值与实用价值的有机统一。

（三）发展目标。到2020年，文化创意和设计服务的先导产业作用更加强化，与相关产业全方位、深层次、宽领域的融合发展格局基本建立，相关产业文化含量显著提升，培养一批高素质人才，培育一批具有核心竞争力的企业，形成一批拥有自主知识产权的产品，打造一批具有国际影响力的品牌，建设一批特色鲜明的融合发展城市、集聚区和新型城镇。文化创意和设计服务增加值占文化产业增加值的比重明显提高，相关产业产品和服务的附加值明显提高，为推动文化产业成为国民经济支柱性产业和促进经济持续健康发展发挥重要作用。

二、重点任务

（一）塑造制造业新优势。支持基于新技术、新工艺、新装备、新材料、新需求的设计应用研究，促进工业设计向高端综合设计服务转变，推动工业设计服务领域延伸和服务模式升级。汽车、飞机、船舶、轨道交通等装备制造业要加强产品的外观、结构、功能等设计能力建设。以打造品牌、提高质量为重点，推动生活日用品、礼仪休闲用品、家用电器、服装服饰、家居用品、数字产品、食品、文化体育用品等消费品工业向创新创造转变，增加多样化供给，引导消费升级。支持消费类产品提升新产品设计和研发能力，加强传统文化与现代时尚的融合，创新管理经营模式，以创意和设计引领商贸流通业创新，加强广告营销策划，增加消费品的文化内涵和附加值，健全品牌价值体系，形成一批综合实力强的自主品牌，提高整体效益和国际竞争力。

（二）加快数字内容产业发展。推动文化产品和服务的生产、传播、消费的数字化、网络化进程，强化文化对信息产业的内容支撑、创意和设计提升，加快培育双向深度融合的新型业态。深入实施国家文化科技创新工程，支持利用数字技术、互联网、软件等高新技术支撑文化内容、装备、材料、工艺、系统的开发和利用，加快文化企业技术改造步伐。大力推动传统文化单位发展互联网新媒体，推动传统媒体和新兴媒体融合发展，提升先进文化互联网传播吸引力。深入挖掘优秀文化资源，推动动漫游戏等产业优化升级，打造民族品牌。推动动漫游戏与虚拟仿真技术在设计、制造等产业领域中的集成应用。全面推进三网融合，推动下一代广播电视网和交互式网络电视等服务平台建设，推动智慧社区、智慧家庭建设。加强通讯设备制造、网络运营、集成播控、内容服务单位间的互动合作。提高数字版权集约水平，健全智能终端产业服务体系，推动产品设计制造与内容服务、应用商店模式整合发展。推进数字电视终端制造业和数字家庭产业与内容服务业融合发展，提升全产业链竞争力。推进数字绿色印刷发展，引导印刷复制加工向综合创意和设计服务转变，推动新闻出版数字化转型和经营模式创新。

（三）提升人居环境质量。坚持以人为本、安全集约、生态环保、传承创新的理念，进一步提高城乡规划、建筑设计、园林设计和装饰设计水平，完善优化功能，提升文化品位。注重对文物保护单位、历史文化名城名镇名村和传统村落的保护。加强城市建设设计和景观风貌规划，突出地域特色，有效保护历史文化街区和历史建筑，提高园林绿化、城市公共艺术的设计质量，建设功能完善、布局合理、形象鲜明的特色文化城市。加强村镇建设规划，培育村镇建筑设计市场，建设环境优美、设施完备、幸福文明的社会主义新农村。贯彻节能、节地、节水、节材的建筑设计理念，推进技术传承创新，积极发展绿色建筑。因地制宜融入文化元素，加快相关建筑标准规范的更新或修订。完善建筑、园林、城市设计、城乡规划等设计方案竞选制度，重视对文化内涵的审查。鼓励装饰设计创新，引领装饰产品和材料升级。

（四）提升旅游发展文化内涵。坚持健康、文明、安全、环保的旅游休闲理念，以文化提升旅游的内涵质量，以旅游扩大文化的传播消费。支持开发康体、养生、运动、娱乐、体验等多样化、综合性旅游休闲产品，建设一批休闲街区、特色村镇、旅游度假区，打造便捷、舒适、健康的休闲空间，提升旅游产品开发和旅游服务设计的人性化、科学化水平，满足广大群众个性化旅游需求。加强自然、文化遗产地和非物质文化遗产的保护利用，大力发展红色旅游和特色文化旅游，推进文化资源向旅游产品转化，建设文化旅游精品。加快智慧旅游发展，促进旅游与互联网融合创新，支持开发具有地域特色和民族风情的旅游演艺精品和旅游商品，鼓励发展积极健康的特色旅游餐饮和主题酒店。

（五）挖掘特色农业发展潜力。提高农业领域的创意和设计水平，推进农业与文化、科技、生态、旅游的融合。强化休闲农业与乡村旅游经营场所的创意和设计，建设集农耕体验、田园观光、教育展示、文化传承于一体的休闲农业园。注重农村文化资源挖掘，不断丰富农业产品、农事景观、环保包装、乡土文化等创意和设计，着力培育一批休闲农业知名品牌，提升农产品附加值，促进创意和设计产品产业化。发展楼宇农业、阳台农艺，进一步拓展休闲农业发展空间。支持专业农产品市场建设特色农产品展览展示馆（园），推进特色农产品文化宣传交流。建立健全地理标志的技术标准体系、质量保证体系与检测体系，扶持地理标志产品，加强地理标志和农产品商标的注册和保护。支持农业企业申报和推介绿色环保产品和原产地标记，鼓励利用信息技术创新具有地域文化特色的农产品营销模式。

（六）拓展体育产业发展空间。积极培育体育健身市场，引导大众体育消费。丰富传统节庆活动内容，支持地方根据当地自然人文资源特色举办体育活动，策划打造影响力大、参与度高的精品赛事，推动体育竞赛表演业全面发展。鼓励发展体育服务组织，以赛事组织、场馆运营、技术培训、信息咨询、中介服务、体育保险等为重点，逐步扩大体育服务规模。推动与体育赛事相关版权的开发与保护，进一步放宽国内赛事转播权的市场竞争范围，探索建立与体育赛事相关的版权交易平台。加强体育产品品牌建设，开发科技含量高、拥有自主知识产权的体育产品，提升市场竞争力。促进体育衍生品创意和设计开发，推进相关产业发展。

（七）提升文化产业整体实力。坚持正确的文化产品创作生产方向，着力提升文化产业各门类创意和设计水平及文化内涵，加快构建结构合理、门类齐全、科技含量高、富有创意、竞争力强的现代文化产业体系，推动文化产业快速发展。鼓励各地结合当地文化特色不断推出原创文化产品和服务，积极发展新的艺术样式，推动特色文化产业发展。强化与规范新兴网络文化业态，创新新兴网络文化服务模式，繁荣文学、艺术、影视、音乐创作与传播。加强舞美设计、舞台布景创意和舞台技术装备创新。坚持保护传承和创新发展相结合，促进艺术衍生产品、艺术授权产品的开发生产，加快工艺美术产品、传统手工艺品与现代科技和时代元素融合。完善博物馆、美术馆等公共文化设施功能，提高展陈水平。

三、政策措施

（一）增强创新动力。深入实施知识产权战略，加强知识产权运用和保护，健全创新、创意和设计激励机制。加强商标法、专利法、著作权法、反不正当竞争法等知识产权保护法律法规宣传普及，完善有利于创意和设计发展的产权制度。完善网络环境下著作权保护等法律法规，加强数据保护等问题研究。加强知识产权监督执法，加大对侵权行为的惩处力度，完善维权援助机制。优化知识产权申请与审查制度，建立并完善专利优先审查通道和软件著作权快速登记通道，健全便捷高效的商标注册审查体系。完善知识产权入股、分红等形式的激励机制和管理制度。活跃知识产权交易，促进知识产权的合理有效流通。提升企业知识产权综合能力，培育一批知识产权优势企业。鼓励企业、院校、科研机构成立战略联盟，引导创意和设计、科技创新要素向企业聚集，加大联盟知识产权管理能力建设，推行知识产权集群式管理。

（二）强化人才培养。推动实施文化创意和设计服务人才扶持计划，打破体制壁垒，扫除身份障碍，营造有利于创新型人才健康成长、脱颖而出的制度环境。优化专业设置，鼓励普通本科高校和科研院所加强专业（学科）建设和理论研究。鼓励将非物质文化遗产传承人才培养纳入职业教育体系，发挥职业教育在文化传承创新中的重要作用，重点建设一批民族文化传承创新专业点。推动民间传统手工艺传承模式改革，培养一批具有文化创新能力的技术技能人才。积极推进产学研用合作培养人才，发展专业学位研究生教育，扶持和鼓励相关行业和产业园区、龙头企业与普通本科高校、职业院校及科研机构共同建立人才培养基地，支持符合条件的设立博士后科研工作站，探索学历教育与职业培训并举、创意和设计与经营管理结合的人才培养新模式，加快培养高层次、复合型人才。加大核心人才、重点领域专门人才、高技能人才和国际化人才的培养和扶持力度，造就一批领军人物。完善政府奖励、用人单位奖励和社会奖励互为补充的多层次创意和设计人才奖励体系，对各类创意和设计人才的创作活动、学习深造、国际交流等进行奖励和资助。加强创业孵化，加大对创意和设计人才创业创新的扶持力度。规范和鼓励举办国际化、专业化的创意和设计竞赛活动，促进创意和设计人才的创新成果展示交易。积极利用各类引才引智计划，引进海外高端人才。健全符合创意和设计人才特点的使用、流动、评价和激励体系，按照国家有关规定，进一步落实国有企业、院所转制企业、职业院校、普通本科高校和科研院所创办企业的股权激励政策，推进职业技能鉴定和职称评定工作，加强人才科学管理。

（三）壮大市场主体。实施中小企业成长工程，支持专业化的创意和设计企业向专、精、特、新方向发展，打造中小企业集群。鼓励挖掘、保护、发展中华老字号等民间特色传统技艺和服务理念，培育具有地方特色的创意和设计企业，支持设计、广告、文化软件工作室等各种形式小微企业发展。推动创意和设计优势企业根据产业联系，实施跨地区、跨行业、跨所有制业务合作，打造跨界融合的产业集团和产业联盟。鼓励有条件的大型企业设立工业设计中心，建设一批国家级工业设计中心。积极推进相关事业单位分类改革，鼓励国有文化企业引进战略资本，实行股份制改造，积极引导民间资本投资文化创意和设计服务领域。支持有条件的企业"走出去"，扩大产品和服务出口，通过海外并购、联合经营、设立分支机构等方式积极开拓国际市场。推进文化等服务业领域有序开放，放开建筑设计领域外资准入限制。围绕提升产业竞争力，建立健全文化创意和设计服务与相关产业融合发展的技术标准体系，加快制定修订一批相关领域的重要国家标准。鼓励行业组织、中介组织和企业参与制定国际标准，支持自主标准国际化。

（四）培育市场需求。加强全民文化艺术教育，提高人文素养，推动转变消费观念，激发创意和设计产品服务消费，鼓励有条件的地区补贴居民文化消费，扩大文化消费规模。鼓励企业应用各类设计技术和设计成果，开展设计服务外包，扩大设计服务市场。创新公共文化服务提供方式，加大政府对创意和设计产品服务的采购力度。消除部门限制和地区分割，促进形成统一开放、竞争有序的国内市场。充分利用上海、深圳文化产权交易所等市场及文化产业、广告、设计等展会，规范交易秩序，提升交易平台的信息化和网络化水平，促进产品和服务交易。鼓励电子商务平台针对创意和设计提供专项服务，帮助小微企业、创意和设计创业人才拓展市场。鼓励有条件的地区在国家许可范围内，根据自身特点建设区域性和行业性交易市场。在商贸流通业改造升级中，运用创意和设计促进专业市场和特色商业街等发展。鼓励批发、零售、住宿、餐饮等生活服务企业在店面装饰、产品陈列、商品包装和市场营销上突出创意和设计，更加注重节能环保，顺应消费者需求。

（五）引导集约发展。依托现有各类文化、创意和设计园区基地，加强规范引导、政策扶持，加强公共技术、资源信息、投资融资、交易展示、人才培养、交流合作等服务能力建设，完善创新创业服务体系，促进各类园区基地提高效益、发挥产业集聚优势。鼓励各地根据资源条件和产业优势，明确发展重点，科学规划建设融合发展集聚区，打造区域性创新中心和成果转化中心。建立区域协调机制与合作平台，加强产业集群内部的有机联系，形成合理分工与协作，构建优势互补、相互促进的区域发展格局。充分发挥各部门职能、组织实施基础性、引导性重大工程和重点项目，提升产业整体素质，增强发展后劲。

（六）加大财税支持。增加文化产业发展专项资金规模，加大对文化创意和设计服务企业支持力度。在体现绿色节能环保导向、增强可操作性的基础上，完善相关税收扶持政策。在文化创意和设计服务领域开展高新技术企业认定管理办法试点，将文化创意和设计服务内容纳入文化产业支撑技术等领域，对经认定为高新技术企业的文化创意和设计服务企业，减按15%的税率征收企业所得税。文化创意和设计服务企业发生的职工教育经费支出，不超过工资薪金总额8%的部分，准予在计算应纳税所得额时扣除。企业发生的符合条件的创意和设计费用，执行税前加计扣除政策。对国家重点鼓励的文化创意和设计服务出口实行营业税免税。落实营业税改增值税试点有关政策，对纳入增值税征收范围的国家重点鼓励的文化创意和设计服务出口实行增值税零税率或免税，对国家重点鼓励的创意和设计产品出口实行增值税零税率。

（七）加强金融服务。建立完善文化创意和设计服务企业无形资产评估体系。支持符合条件的企业上市，鼓励企业发行公司债、企业债、集合信托和集合债、中小企业私募债等非金融企业债务融资工具。支持金融机构选择文化创意和设计服务项目贷款开展信贷资产证券化试点。鼓励银行业金融机构支持文化创意和设计服务小微企业发展。鼓励金融机构创新金融产品和服务，增加适合文化创意和设计服务企业的融资品种，拓展贷款抵（质）押物的范围，完善无形资产和收益权抵（质）押权登记公示制度，探索开展无形资产质押和收益权抵（质）押贷款等业务。建立社会资本投资的风险补偿机制，鼓励各类担保机构提供融资担保和再担保服务。鼓励保险公司加大创新型文化保险产品开发力度，提升保险服务水平，探索设立专业文化产业保险组织机构，促进文化产业保险发展。政府引导，推动设立文化创意和设计服务与相关产业融合发展投资基金。积极引导私募股权投资基金、创业投资基金及各类投资机构投资文化创意和设计服务领域。

（八）优化发展环境。评估清理现有行政审批事项，确需保留的，要精简审批流程，严控审批时限，公开审批标准，提高审批效率。支持以划拨方式取得土地的单位利用存量房产、原有土地兴办文化创意和设计服务，在符合城乡规划前提下土地用途和使用权人可暂不变更，连续经营一年以上，符合划拨用地目录的，可按划拨土地办理用地手续；不符合划拨用地目录的，可采取协议出让方式办理用地手续。广告领域文化事业建设费征收范围严格限定在广告媒介单位和户外广告经营单位，清理其他不合理收费，推动落实文化创意和设计服务企业用水、用电、用气、用热与工业同价。完善城乡规划、建筑设计收费制度，鼓励和推行优质优价。创新政府支持方式，发挥社会组织作用，加强人才队伍建设，资助创业孵化，开展研讨交流等。

四、组织实施

各地区、各部门要按照本意见的要求，根据本地区、本部门、本行业实际情况，切实加强对推进文化创意和设计服务与相关产业融合发展工作的组织领导，编制专项规划或行动计划，制定相关配套文件。要建立工作机制，加强地区间、部门间、行业间的协同联动，确保各项任务措施落到实处。要加强宣传，积极营造全社会支持创新、鼓励创意和设计的良好氛围。加强文化产业振兴方面的立法工作，不断健全相关法律法规和制度。重视完善文化产业统计制度，加强文化创意和设计服务类产业统计、核算和分析。加快发展和规范相关行业协（商、学）会、中介组织，充分发挥行业组织在行业研究、标准制定等方面的作用。发展改革委要会同相关部门对本意见的落实情况进行跟踪分析和监督检查，重大事项及时向国务院报告。

附件：重点任务分工及进度安排表(略)

二〇一四年二月二十六日

15. 国务院关于加快发展对外文化贸易的意见

（国发〔2014〕13号）

各省、自治区、直辖市人民政府，国务院各部委、各直属机构：

近年来，随着改革开放的推进，我国对外文化贸易的规模不断扩大、结构逐步优化，但核心文化产品和服务贸易逆差仍然存在，对外文化贸易占对外贸易总额的比重还较低，有待进一步加强。加快发展对外文化贸易，对于拓展我国文化发展空间、提高对外贸易发展质量，对于继续扩大改革开放、转变经济发展方式，对于稳增长促就业惠民生、提升国家软实力、全面建成小康社会具有重要意义。为进一步做好有关工作，现提出以下意见：

一、总体要求

（一）指导思想。

立足当前，着眼长远，改革创新，完善机制，统筹国际国内两个市场、两种资源，加强政策引导，优化市场环境，壮大市场主体，改善贸易结构，加快发展对外文化贸易，在更大范围、更广领域和更高层次上参与国际文化合作和竞争，把更多具有中国特色的优秀文化产品推向世界。

（二）基本原则。

坚持统筹发展。将发展文化产业、推动对外文化贸易与促进经济结构调整、产业结构优化升级相结合，与扩大国内需求、改善人民群众生活相结合，促进服务业发展、拉动消费和投资增长。

坚持政策引导。切实转变政府职能，依法监管，减少行政干预，加大政策支持力度，营造对外文化贸易发展的良好环境。

坚持企业主体。着力培育外向型文化企业，鼓励各类文化企业从事对外文化贸易业务，到境外开拓市场，形成各种所有制文化企业积极参与的文化出口格局。

坚持市场运作。进一步发挥市场在文化资源配置中的积极作用，激发社会活力，创新文化内容和文化走出去模式，努力打造我国文化出口竞争新优势。

（三）发展目标。

加快发展传统文化产业和新兴文化产业，扩大文化产品和服务出口，加大文化领域对外投资，力争到2020年，培育一批具有国际竞争力的外向型文化企业，形成一批具有核心竞争力的文化产品，打造一批具有国际影响力的文化品牌，搭建若干具有较强辐射力的国际文化交易平台，使核心文化产品和服务贸易逆差状况得以扭转，对外文化贸易额在对外贸易总额中的比重大幅提高，我国文化产品和服务在国际市场的份额进一步扩大，我国文化整体实力和竞争力显著提升。

二、政策措施

（一）明确支持重点。

1.鼓励和支持国有、民营、外资等各种所有制文化企业从事国家法律法规允许经营的对外文化贸易业务，并享有同等待遇。进一步完善《文化产品和服务出口指导目录》，定期发布《国家文化出口重点企业目录》和《国家文化出口重点项目目录》，加大对入选企业和项目的扶持力度。（商务部、中央宣传部、财政部、文化部、新闻出版广电总局负责）

2.鼓励和引导文化企业加大内容创新力度，创作开发体现中华优秀文化、展示当代中国形象、面向国际市场的文化产品和服

务，在编创、设计、翻译、配音、市场推广等方面予以重点支持。（中央宣传部、文化部、新闻出版广电总局负责）

3.支持文化企业拓展文化出口平台和渠道，鼓励各类企业通过新设、收购、合作等方式，在境外开展文化领域投资合作，建设国际营销网络，扩大境外优质文化资产规模。推动文化产品和服务出口交易平台建设，支持文化企业参加境内外重要国际性文化展会。鼓励文化企业借助电子商务等新型交易模式拓展国际业务。（商务部、中央宣传部、财政部、文化部、新闻出版广电总局负责）

4.支持文化和科技融合发展，鼓励企业开展技术创新，增加对文化出口产品和服务的研发投入，开发具有自主知识产权的关键技术和核心技术。支持文化企业积极利用国际先进技术，提升消化、吸收和再创新能力。（科技部、中央宣传部、发展改革委、财政部、商务部、文化部、新闻出版广电总局负责）

（二）加大财税支持。

1.充分发挥财政资金的杠杆作用，加大文化产业发展专项资金等支持力度，综合运用多种政策手段，对文化服务出口、境外投资、营销渠道建设、市场开拓、公共服务平台建设、文化贸易人才培养等方面给予支持。中央和地方有关文化发展的财政专项资金和基金，要加大对文化出口的支持力度。（财政部、中央宣传部、商务部、文化部、新闻出版广电总局负责）

2.对国家重点鼓励的文化产品出口实行增值税零税率。对国家重点鼓励的文化服务出口实行营业税免税。结合营业税改征增值税改革试点，逐步将文化服务行业纳入"营改增"试点范围，对纳入增值税征收范围的文化服务出口实行增值税零税率或免税。享受税收优惠政策的国家重点鼓励的文化产品和服务的具体范围由财政部、税务总局会同有关部门确定。（财政部、税务总局负责）

3.在国务院批准的服务外包示范城市从事服务外包业务的文

化企业，符合现行税收优惠政策规定的技术先进型服务企业相关条件的，经认定可享受减按15%的税率征收企业所得税和职工教育经费不超过工资薪金总额8%的部分税前扣除政策。（财政部、发展改革委、科技部、商务部、税务总局负责）

（三）强化金融服务。

1.鼓励金融机构按照风险可控、商业可持续原则探索适合对外文化贸易特点的信贷产品和贷款模式，开展供应链融资、海外并购融资、应收账款质押贷款、仓单质押贷款、融资租赁、银团贷款、联保联贷等业务。积极探索扩大文化企业收益权质押贷款的适用范围。鼓励金融机构对符合信贷条件的国家文化出口重点企业和项目提供优质金融服务。（人民银行、文化部、新闻出版广电总局、银监会负责）

2.支持符合条件的国家文化出口重点企业通过发行企业债券、公司债券、非金融企业债务融资工具等方式融资。积极发挥专业增信机构作用，为中小文化企业发行中期票据、短期融资券、中小企业集合票据、中小企业私募债券等债务融资工具提供便利。支持符合条件的文化出口项目发行非金融企业资产支持票据和证券公司资产证券化产品。鼓励有跨境投资需求的文化企业在境内发行外币债券。支持文化出口企业在国务院批准的额度内，赴香港等境外人民币市场发行债券。（人民银行、发展改革委、文化部、新闻出版广电总局、银监会、证监会负责）

3.鼓励保险机构创新保险品种和保险业务，开展知识产权侵权险、演艺、会展、动漫游戏、出版物印刷复制发行和广播影视产品完工险和损失险，团体意外伤害保险、特定演职人员人身意外伤害保险等新型险种和业务。对国家文化出口重点企业和项目，鼓励保险机构提供出口信用保险服务，在风险可控的前提下可采取灵活承保政策，优化投保手续。（人民银行、文化部、新闻出版广

电总局、保监会负责）

4.鼓励融资性担保机构和其他各类信用中介机构开发符合文化企业特点的信用评级和信用评价方法，通过直接担保、再担保、联合担保、担保与保险相结合等方式为文化企业提供融资担保服务，多渠道分散风险。利用中小企业发展专项资金等对符合条件的融资性担保机构和担保业务予以支持。（人民银行、发展改革委、财政部、文化部、新闻出版广电总局、银监会、保监会负责）

5.推进文化贸易投资的外汇管理便利化，确保文化出口相关跨境收付与汇兑顺畅，满足文化企业跨境投资的用汇需求。支持文化企业采用出口收入存放境外等方式提高外汇资金使用效率。简化跨境人民币结算手续和审核流程，提升结算便利，降低汇率风险。鼓励境内金融机构开展境外项目人民币贷款业务，支持文化企业从事境外投资。（人民银行、外汇局负责）

（四）完善服务保障。

1.尽快培育国家文化出口重点企业成为海关高信用企业，享受海关便捷通关措施。对图书、报纸、期刊等品种多、时效性强、出口次数频繁的文化产品，经海关批准，实行集中申报管理。为文化产品出口提供24小时预约通关服务等便利措施。对文化企业出境演出、展览、进行影视节目摄制和后期加工等所需暂时进出境货物，按照规定加速验放。对暂时出境货物使用暂准免税进口单证册（ATA单证册）向海关申报的，免于向海关提供其他担保。（海关总署负责）

2.减少对文化出口的行政审批事项，简化手续，缩短时限。对国有文化企业从事文化出口业务的编创、演职、营销人员等，不设出国（境）指标，简化因公出国（境）审批手续，出国一次审批、全年有效。对面向境外市场生产销售外语出版物的民营文化企业，经批准可以配置专项出版权。（外交部、文化部、新闻出版广电总局负责）

3.加强相关知识产权保护,研究开展文化知识产权价值评估,及时提供海外知识产权、法律体系及适用等方面咨询,支持文化企业开展涉外知识产权维权工作。加强对外文化贸易公共信息服务,及时发布国际文化市场动态和国际文化产业政策信息。着力培养对外文化贸易复合型人才,积极引进各类优秀人才。建立健全行业中介组织,发挥其在出口促进、行业自律、国际交流等方面的作用。(商务部、中央宣传部、人力资源社会保障部、文化部、工商总局、新闻出版广电总局〔版权局〕、知识产权局、外专局负责)

三、组织领导

建立健全由商务、宣传文化、外交、财税、金融、海关、统计等部门组成的对外文化贸易工作联系机制,加强统筹协调,整合资源,推动相关政策措施的落实,依法规范对外文化贸易工作。加强对外文化贸易统计工作,完善文化领域对外投资统计,统一发布对外文化贸易和对外投资统计数据。结合《文化及相关产业分类(2012)》,修订完善文化产品和服务进出口统计目录。(商务部、中央宣传部、外交部、财政部、文化部、人民银行、海关总署、税务总局、新闻出版广电总局、统计局、银监会、证监会、保监会负责)

各地区、各有关部门要按照本意见的要求,切实加强对外文化贸易工作的组织领导,明确任务落实责任,尽快制定具体实施方案,完善和细化相关政策措施,扎实做好相关工作,确保取得实效。

二○一四年三月三日

16．国务院办公厅关于印发文化体制改革中经营性文化事业单位转制为企业和进一步支持文化企业发展两个规定的通知

（国办发〔2014〕15号）

各省、自治区、直辖市人民政府，国务院各部委、各直属机构：

中央宣传部会同中央外宣办、中央编办、发展改革委、科技部、财政部、人力资源社会保障部、国土资源部、商务部、文化部、人民银行、税务总局、工商总局、新闻出版广电总局等有关部门和单位拟定的《文化体制改革中经营性文化事业单位转制为企业的规定和进一步支持文化企业发展的规定》已经国务院同意，现印发给你们，请认真贯彻执行。

国务院办公厅

二〇一四年四月二日

文化体制改革中经营性文化事业单位
转制为企业的规定

为进一步深化文化体制改革，继续推进国有经营性文化事业单位转企改制，特制定以下规定：

一、关于国有文化资产管理

（一）按照政企分开、政事分开原则，推动政府部门由办文化向管文化转变，推动党政部门与其所属的文化企事业单位进一步理顺关系。建立党委和政府监管国有文化资产的管理机构，实行管人管事管资产管导向相统一。

（二）经营性文化事业单位转制为企业，要认真做好资产清查、资产评估、产权登记等基础工作，依法落实原有债权债务。资产变动事项经主管部门审核同意后，报同级国有文化资产管理机构审批，并按有关规定办理；其中，涉及重大国有文化资产变动事项的，应由文化行政主管部门审核后报请党委宣传部门审查把关。国有资产监督管理机构监管企业所属的经营性文化事业单位转制为企业，应当报该国有资产监督管理机构审批，并按有关规定办理资产变动等事项。

二、关于资产和土地处置

（三）经营性文化事业单位在转制过程中，对于清查出的资产损失按规定报经批准后进行核销；切实维护银行合法债权安全，严肃处理各类借转制之名逃废银行债务行为，维护金融安全稳定。转制后财务制度应执行《企业财务通则》，会计制度应执行

《企业会计准则》或《小企业会计准则》。

（四）转制为企业的出版、发行单位，转制时可按规定对其库存积压待报废的出版物进行资产处置，对经确认的损失可以在净资产中予以扣除；对于出版、发行单位处置库存呆滞出版物形成的损失，允许据实在企业所得税前扣除。

（五）经营性文化事业单位转制涉及的原划拨土地，转制后用途符合《划拨用地目录》的，可继续以划拨方式使用；不符合《划拨用地目录》的，应当依法实行有偿使用。经省级以上人民政府批准，经营性文化事业单位转制为授权经营或国有控股企业的，原生产经营性划拨用地，经批准可采用国家出资（入股）方式配置；经营性文化事业单位转制为一般竞争性企业的，原生产经营性划拨用地可采用协议出让或租赁方式进行土地资产处置。

三、关于收入分配

（六）转制后执行企业的收入分配制度。职工工资收入与岗位责任、个人贡献以及企业效益密切挂钩，参照劳动力市场价位，合理拉开差距。加强对转制后的国有文化企业收入分配的指导和调控，合理确定工资总额。

（七）国有控股企业和国有独资企业的负责人收入分配按国家有关规定执行，建立并完善国有文化企业负责人薪酬管理机制。

四、关于社会保障

（八）转制后自工商注册登记的次月起按企业办法参加社会保险。转制时在职人员按国家规定计算的连续工龄，视同缴费年限，不再补缴基本养老保险费。

（九）转制前已经离退休的人员，原国家规定的离退休费待遇标准不变，转制后这类人员离退休待遇支付和调整的具体办法，按原劳动和社会保障部、原国家经济贸易委员会、科技部、财政部《关于国家经贸委管理的10个国家局所属科研机构转制后有关养老保险问题的通知》（劳社部发〔2000〕2号）和原劳动和社会保障部、原人事部、财政部、科技部、原建设部《关于转制科研机构和工程勘察设计单位转制前离退休人员待遇调整等问题的通知》（劳社部发〔2002〕5号）相关政策执行。

（十）转制前参加工作、转制后退休的人员，基本养老金的计发和调整，按企业办法执行。在转制后5年过渡期内，按企业办法计发的基本养老金，如低于按原事业单位退休办法计发的退休金，其差额部分采取加发补贴的办法解决，所需费用从基本养老保险基金中支付，具体办法按劳社部发〔2000〕2号文件的相关规定执行。各地在做好社会保障政策衔接的同时，应结合本地实际，采取切实可行的措施，解决好企业与事业单位退休待遇差问题。

（十一）离休人员的医疗保障继续执行现行办法，也可按照所在统筹地区相关规定纳入离休人员医药费单独统筹，所需资金按原渠道解决；转制前已退休人员中，原享受公费医疗的，在享受基本医疗保险待遇的基础上，可以参照国家公务员医疗补助办法，实行医疗补助。

（十二）转制后具备条件的企业可按照有关规定为职工建立企业年金和补充医疗保险，并通过企业年金等方式妥善解决转制后退休人员的养老待遇问题。企业根据国家有关政策规定，为在本企业任职或者受雇的全体员工支付的补充养老保险费、补充医疗保险费，分别在不超过职工工资总额5%标准内的部分，在计算应纳税所得额时准予扣除；超过的部分，不予扣除。

（十三）中央各部门各单位设在地方的出版单位、中央各部门各单位出版单位在地方的派出（分支）机构的人员，转制后按规定纳入当地社会保障体系。

五、关于人员分流安置

（十四）对转制时距国家法定退休年龄5年以内的人员，在与本人协商一致的基础上，可以提前离岗，离岗期间的工资福利等基本待遇不变，单位和个人继续按规定缴纳各项社会保险费，达到国家法定退休年龄时，按企业办法办理退休手续，按转制过渡期退休人员办法享受退休待遇。

（十五）转制时，要按照《中华人民共和国劳动合同法》的规定，自工商注册登记之日起与在职职工全部签订劳动合同。职工在事业单位的工作年限合并计算为转制后企业的工作年限。转制后根据经营方向确需分流人员的，应按照《中华人民共和国劳动合同法》第四十条、第四十一条、第四十二条规定处理劳动关系，对符合支付经济补偿条件的，应依法支付经济补偿。

（十六）转制企业应当切实保障职工的合法权益。转制时，对提前离岗人员所需的基本待遇及各项社会保险费、分流人员所需的经济补偿金，可从评估后的净资产中预留或从国有产权转让收入中优先支付。净资产不足的，财政部门也可给予一次性补助。

六、关于财政税收

（十七）财税部门应认真落实适用于转制企业的现行财税优惠政策。

（十八）原事业编制内职工的住房公积金、住房补贴中由财政负担部分，转制后继续由财政部门在预算中拨付；转制前人员经费由财政负担的离退休人员的住房补贴尚未解决的，转制时由财政部门一次性拨付解决；转制前人员经费自理的离退休人员以及转制后离退休人员和在职职工住房补贴资金，由转制单位按照所在地市、县级人民政府有关企业住房分配货币化改革政策以及企业财务会计制度的规定，从本单位相应资金渠道列支。转制后原有的正常事业费继续拨付，主要用于解决转制前已经离退休人员的社会保障问题。

（十九）为确保转制工作顺利进行，同级财政可一次性拨付一定数额的资金，主要用于资产评估、审计、政策法律咨询等。

（二十）经营性文化事业单位转制为企业后，免征企业所得税。

（二十一）由财政部门拨付事业经费的经营性文化事业单位转制为企业，对其自用房产免征房产税。

（二十二）对经营性文化事业单位转制中资产评估增值、资产转让或划转涉及的企业所得税、增值税、营业税、城市维护建设税、契税等，符合现行规定的享受相应税收优惠政策。

（二十三）党报、党刊将其发行、印刷业务及相应的经营性资产剥离组建的文化企业，所取得的党报、党刊发行收入和印刷收入免征增值税。

七、关于法人登记

（二十四）转制后的企业名称，应当符合企业名称登记管理的规定。原单位名称中冠以"中国"、"中华"、"全国"、"国家"、"国际"等字样的，按有关规定经批准可继续注册使用。

（二十五）转制后须核销事业编制，注销事业单位法人，并依法办理企业工商注册登记。

八、关于党的建设

（二十六）根据中央要求，经营性文化事业单位在转制过程中，要按照党章规定，根据转制后企业的实际情况和工作需要，经上级党组织批准，同步组建、改建或更名党的基层组织、选配好党组织负责人。转制后企业内部的党组织设置，也要随着企业组织结构和党员分布状况的变化，及时进行充实调整，充分发挥转制后企业党组织和党员的作用。转制后企业党组织的领导关系要按照有利于加强党的领导和开展党的工作，有利于促进企业改革和发展的原则确定。

上述政策适用于开展文化体制改革的地区和转制企业。中央所属转制文化企业的认定，由中央宣传部会同财政部、税务总局确定并发布名单；地方所属转制文化企业的认定，按照登记管理权限，由地方各级宣传部门会同同级财政、税务部门确定和发布名单，并按程序抄送中央宣传部、财政部和税务总局。执行期限为2014年1月1日至2018年12月31日。

进一步支持文化企业发展的规定

为进一步深化文化体制改革，促进文化企业发展，特制定以下规定：

一、关于财政税收

（一）中央财政和地方财政应安排文化产业发展专项资金，有条件的应扩大专项资金规模，创新资金投入方式，完善政策扶持体系，采取贴息、补助、奖励等方式，支持文化企业发展。

（二）对电影制片企业销售电影拷贝（含数字拷贝）、转让版权取得的收入，电影发行企业取得的电影发行收入，电影放映企业在农村的电影放映收入免征增值税。一般纳税人提供的城市电影放映服务，可以按现行政策规定，选择按照简易计税办法计算缴纳增值税。

（三）2014年1月1日至2016年12月31日，对广播电视运营服务企业收取的有线数字电视基本收视维护费和农村有线电视基本收视费，免征增值税。

（四）落实和完善有利于文化内容创意生产、非物质文化遗产项目经营的税收优惠政策。

（五）对国家重点鼓励的文化产品出口实行增值税零税率。对国家重点鼓励的文化服务出口实行营业税免税。结合营业税改征增值税改革试点，逐步将文化服务行业纳入改革试点范围，对纳入增值税征收范围的上述文化服务出口实行增值税零税率或免税。享受上述税收优惠政策的国家重点鼓励的文化产品和服务的具体范围由财政部、税务总局会同有关部门确定。为承担国家鼓励类文化产业项目而进口国内不能生产的自用设备及配套件、备件，在政策规定范围内，免征进口关税。

（六）在国务院批准的中国服务外包示范城市从事服务外包业务的文化企业，符合现行税收优惠政策规定的技术先进型服务企业相关条件的，经认定后，可享受有关税收优惠政策。

（七）对从事文化产业支撑技术等领域的文化企业，按规定认定为高新技术企业的，减按15%的税率征收企业所得税；开发新技术、新产品、新工艺发生的研究开发费用，允许按国家税法规定，在计算应纳税所得额时加计扣除。文化产业支撑技术等领域的具体范围和认定工作由科技部、财政部、税务总局商中央宣传部等部门另行明确。

（八）经认定并符合软件企业相关条件的动漫企业，可申请享受国家现行鼓励软件产业发展的所得税优惠政策；2017年底前，符合条件的动漫企业，按规定享受增值税优惠政策；经认定的动漫企业自主开发、生产动漫直接产品，确需进口的商品可按现行规定享受免征进口关税和进口环节增值税的优惠政策。

（九）加大财政对文化科技创新的支持，将文化科技纳入国家相关科技发展规划和计划，积极鼓励文化与科技深度融合，促进文化企业、文化产业转型升级，发展新型文化业态。

（十）通过政府购买、消费补贴等途径，引导和支持文化企业提供更多文化产品和服务，鼓励出版适应群众购买能力的图书报刊，鼓励在商业演出和电影放映中安排低价场次或门票，鼓励网络文化运营商开发更多低收费业务。加大对文化消费基础设施建设、改造投资力度，完善政府投入方式，建立健全社会力量、社会资本参与机制，促进多层次多业态文化消费设施发展。

（十一）认真落实支持现代服务业、中小企业特别是小微企业等发展的有关优惠政策，促进中小文化企业发展。

二、关于投资和融资

（十二）对投资兴办文化企业的，有关行政主管部门应当提高行政审批效率，并不得收取国家规定之外的任何附加费用。

（十三）在国家许可范围内，鼓励和引导社会资本以多种形式投资文化产业，参与国有经营性文化事业单位转企改制，参与重大文化产业项目实施和文化产业园区建设，在投资核准、银行贷款、土地使用、税收优惠、上市融资、发行债券、对外贸易和申请专项资金等方面给予支持。

（十四）鼓励国有文化产业投资基金作为文化领域的战略投资者，对重点领域的文化企业进行股权投资。创新基金投资模式，更好地发挥基金的引导和杠杆作用，推动文化企业跨地区、跨行业、跨所有制兼并重组，切实维护国家文化安全。

（十五）进一步促进文化与金融对接，鼓励文化企业充分利用金融资源，投资开发战略性、先导性文化项目，进行文化资源整合，推动文化出口，中央财政和地方财政可给予一定的贴息。

（十六）针对文化企业的特点，研究制定知识产权、文化品牌等无形资产的评估、质押、登记、托管、投资、流转和变现等办法，完善无形资产和收益权抵（质）押权登记公示制度，鼓励金融机构积极开展金融产品和服务方式创新。在风险可控、商业可持续原则下，进一步推广知识产权质押融资、供应链融资、并购融资、订单融资等贷款业务，加大对文化企业的有效信贷投入。鼓励和支持政策性金融充分发挥扶持、引导作用，加大对重点企业和项目的信贷支持。鼓励开发文化消费信贷产品。

（十七）通过公司制改建实现投资主体多元化的文化企业，符合条件的可申请上市。鼓励已上市文化企业通过公开增发、定向增发等再融资方式进行并购和重组。鼓励文化企业进入中小企业板、创业板、"新三板"融资。鼓励符合条件的文化企业通过发行企业债券、公司债券、非金融企业债务融资工具等方式扩大融资，实现融资渠道多元化。

（十八）探索国有文化企业股权激励机制，经批准允许有条件的国有控股上市文化公司按照国家有关规定开展股权激励试点。

（十九）对按规定转制的重要国有传媒企业探索实行特殊管理股制度，经批准可开展试点。

（二十）探索建立符合文化企业特点的信用评级制度。鼓励各类担保机构对文化企业提供融资担保，通过再担保、联合担保以及担保与保险相结合等方式分散风险。探索设立文化企业融资担保基金。

三、关于资产和土地处置

（二十一）发生分立、合并、重组、改制、撤销等经济行为涉及国有资产或产权结构重大变动的文化企业，应当按照国家有关规定进行清产核资，清产核资工作中发现的资产损失经确认后应当依次冲减未分配利润、盈余公积、资本公积、实收资本。

（二十二）对于出版、发行单位处置库存呆滞出版物形成的损失，允许据实在企业所得税前扣除。

（二十三）文化企业改制涉及的原划拨土地，改制后用途符合《划拨用地目录》的，可继续以划拨方式使用；不符合《划拨用地目录》的，应当依法实行有偿使用。经省级以上人民政府批准，国有文化企业改制为授权经营或国有控股企业的，原生产经营性划拨用地，经批准可采用国家出资（入股）方式配置。文化企业改制为一般竞争性企业的，原生产经营性划拨用地可采用协议出让或租赁方式进行土地资产处置。

（二十四）利用划拨方式取得的存量房产、土地兴办文化产业的，其用地手续办理符合《划拨用地目录》的，可按划拨方式办理；不符合《划拨用地目录》的，在符合国家有关规定的前提下可采取协议出让方式办理。

四、关于工商管理

（二十五）允许投资人以知识产权等无形资产评估作价出资组建文化企业，具体按国家法律规定执行。

国有文化企业要加快公司制股份制改造，推进董事会、监事会建设，规范总会计师管理，健全协调运转、有效制衡的公司法人治理结构，形成符合现代企业制度要求、体现文化企业特点的资产组织形式和经营管理模式，确保把社会效益放在首位，实现社会效益和经济效益相统一。

上述政策适用于所有文化企业，凡未注明具体期限的，执行期限为2014年1月1日至2018年12月31日。

后　记

　　本书由文化部文化体制改革工作领导小组办公室与中央文化管理干部学院合作编写。文化部文化体制改革工作领导小组办公室开展了有关调研工作，确定了全书的编写大纲。中央文化管理干部学院实施了编写工作。

　　陈新华、卢娟具体组织书稿的体例设计、起草、修改等工作。卢娟、毕绪龙、乔丽、叶晓新、孟晓雪、王聪丛参与了初稿写作，毕绪龙负责统稿，乔丽、叶晓新在统稿过程中做了大量辅助工作。

　　在本书编写过程中，我们得到了许多一线工作者、专家学者、媒体记者的帮助和支持，谨此表示诚挚的谢意！

　　由于编者水平有限，本书难免存在错误和疏漏之处，恳请读者批评指正，编者将及时作出修订。

编者